BIRMANIE

BIRMANIE
VISION DU MYANMAR

Photographies
SUZANNE HELD

Textes et légendes
LOUIS FRÉDÉRIC

Hermé

SOMMAIRE

Introduction 9

UN PAYS NÉ DES FLEUVES 13

LES CITÉS D'OR 17
Yangôn
Les pagodes d'or
La cité des Môn

LE ROYAUME DES TEMPLES 65
Une histoire mouvementée
Le royaume de Pagan
L'éclatement des royaumes birmans
La cité des temples de brique

LA VIE DE TOUS LES JOURS 121
La loi du Bouddha
Les génies du sol
Les fêtes et les spectacles

LES CAPITALES ROYALES 153
Les changements de capitale
La Birmanie nouvelle
Les villes désertées

LE MYANMAR DES DIVERSITÉS 201
Une mosaïque d'ethnies
La littérature et les usages
Brique, bois et feuilles de palmier
Les sites "extérieurs"

PRINCIPAUX MONUMENTS 225
Repères chronologiques
Glossaire
Bibliographie
Informations : monnaies, unités de mesure
Carte
237

INTRODUCTION

La Birmanie, pardon, le Myanmar, puisque c'est ainsi que depuis 1988 ce pays est officiellement appelé, participe de trois civilisations distinctes : celle de l'Inde à laquelle il est redevable de sa religion principale, le bouddhisme, celle de la Chine qui lui fournit une partie de son peuplement, et enfin celle des Thai avec qui il eut de nombreux et souvent malheureux contacts.

De son nom officiel complet, Pyi-daung-zu Myanma Naing-ngan-daw, qui signifie *grosso modo* « Union des peuples du Myanmar », on ne retiendra que la désignation courante, Myanmar (que les gens du pays écrivent Myanma). Les Birmans, quant à eux, se réfèrent à leur patrie par le terme de Dobima (Notre pays) ou encore de Bama dont les Britanniques ont fait Burma. Mais l'ancienne Birmanie était surtout connue des Indiens sous le nom de Suvarnabhûmi « Pays de l'or », ce qui fait que cette contrée est encore souvent qualifiée de « Péninsule d'or », surnom qu'elle mérite surtout en raison des innombrables pagodes dorées qui parsèment le pays. Par ailleurs, les Birmans (maintenant appelés Myanma) rêvent toujours d'un Myanmar idéal qu'ils appellent Pyidawtha, c'est-à-dire « Pays heureux ».

Depuis son accession à l'indépendance, le 4 janvier 1948, et le départ des Britanniques qui l'occupaient entièrement depuis 1852, le Myanmar s'est progressivement replié sur lui-même et a, en conséquence, évité la désastreuse occidentalisation qui a contaminé ses voisins. D'où une vie encore proche de celle des anciens temps, tout empreinte de philosophie bouddhique, de sérénité et de patience, où les valeurs anciennes sont préservées.

Le Myanmar est encore relativement peu connu. Il se trouve, en effet, à l'écart des grandes routes commerciales, maritimes et aériennes, et ne joua qu'un rôle mineur dans les récentes convulsions politiques qui ont secoué l'Asie du Sud-Est. C'est surtout par les récits anglais de la conquête de ce pays décrivant la « Route de Mandalay » chère à Kipling et par l'épopée que constitua la célèbre « Route de Birmanie » construite entre 1937 et 1938 pour servir de lien stratégique entre les Alliés et la Chine pendant la Seconde Guerre mondiale, que le nom de Birmanie commença de signifier quelque chose pour les Français. Les Britanniques, quant à eux, en raison de leurs guerres avec ce pays, se trouvèrent généralement plus informés, ce qui explique que la plupart des ouvrages le concernant furent publiés en Grande-Bretagne.

Le drapeau du Myanmar, issu de celui qu'arboraient pendant la Seconde Guerre mondiale les résistants à l'occupation japonaise, comporte un fond rouge qui symbolise le courage, une partie bleue, le ciel, et les étoiles entourant un épi de riz, les ethnies qui composent le pays, pour montrer que toutes participent au bien-être général. Et, lorsque le gouvernement décida de changer le nom de Birmanie (ou « pays des Birmans ») pour celui de Myanmar, ce fut par égard pour les populations non birmanes qui participent de l'Union pour au moins trente pour cent de sa population.

Le Myanmar est un pays attachant à plus d'un titre. Il préserve malgré les idéologies politiques une société authentique régie par des valeurs religieuses encore intactes et de nombreuses traditions. Il conserve des trésors d'art comparables à ceux d'Angkor ou d'Indonésie, notamment à Pagan (maintenant appelé Bagan) ainsi qu'un artisanat remarquable. C'est le pays de la douceur de vivre, au sein d'une lumière omniprésente, souvent parmi des paysages d'une grande beauté et d'une infinie sérénité. Vivre au Myanmar, c'est s'affranchir des contraintes de l'heure, se laisser aller au rythme du soleil et de la lune, rire aux spectacles donnés par les théâtres locaux qui permettent de perpétuer les légendes, participer aux nombreuses fêtes qui ponctuent la vie, c'est sourire à tous et à toutes. C'est encore, mais pour combien de temps, un pays à dimension humaine, un pays où, malgré un certain dénuement, les seuls mendiants sont les moines en robe orangée qui parcourent les rues et les chemins tôt le matin, et auxquels nul ne refuse une poignée de riz ou quelques fleurs.

Tout ici est dépaysement pour un Occidental, et n'est en aucune manière comparable à ce qu'il peut trouver dans d'autres régions du Sud-Est asiatique. Mais ce qui frappe surtout, et qui fait aimer le Myanmar plus qu'un autre pays de cette partie du monde, c'est la chaleur de l'accueil et un sourire qui invite au partage. Le Birman (ou Myanma), bien que parfois taxé à tort de xénophobie parce qu'il refuse en général de s'occidentaliser et tient à ses coutumes, parce qu'il est réservé et quelque peu secret, au contraire est ouvert à tout ce qui lui semble fraternel, compréhensif, suivant en cela la loi bouddhique. Il est peut-être parfois difficile à découvrir, mais avec le temps, beaucoup de temps, il réserve d'agréables surprises, et l'amitié sincère s'y gagne qui durera toute la vie.

Une visite au Myanmar, si on la réalise autant par le cœur que par les yeux, ne pourra laisser indifférent. On en reviendra avec le désir irrépressible d'y retourner et de le mieux appréhender.

sûrs abris au sein de l'archipel des Mergui où sont établies des pêcheries de perles. De grands ports s'y sont installés, comme Moulmein (en birman Mawlamyine) créé par les Britanniques en 1827, qui connut au siècle dernier son heure de gloire, de hardis navigateurs y ayant fait construire des navires pour le commerce de l'opium avec la Chine, et par où les Birmans exportaient des billes de teck et du riz, ou encore Martaban (maintenant Mutkyi) qui n'héberge plus que des pêcheurs et quelques potiers, et Tavoy (Dawei) à la belle plage.

Mais c'est le delta de l'Irawady (ici appelé Ayeyarwady) qui est le poumon du Myanmar, avec, entre autres, les ports de Bassein et de Yangôn (autrefois Rangoon ou Syriam) établis aux embouchures des bras du fleuve. Bassein, aussi appelée Pathein, depuis des siècles un fief musulman, et qui devint après 1852, une base militaire britannique, n'est plus renommée de nos jours que pour son artisanat de parasols peints, bien que sa population atteigne 150 000 personnes. Toute la région basse de la plaine et des deltas, généreusement arrosée, contraste avec sa partie médiane, qui est par endroit si aride que la culture n'y est possible que grâce à de grands travaux d'irrigation : c'est ce qu'il est convenu d'appeler la « Birmanie sèche ». Il s'ensuit que le peuplement le plus important borde le cours des fleuves.

Le Myanmar connaît trois saisons bien marquées : par la mousson du sud-ouest qui sévit de mai à octobre, par une saison chaude qui assèche le pays de mars au début mai, et par une « période froide » allant de novembre à janvier. Mais le climat varie énormément en fonction des régions. Si la Birmanie centrale demeure sèche en toutes saisons, c'est qu'elle est protégée des pluies des moussons par les Arâkan-yoma. Les côtes et la région des deltas demeurent humides tout au long de l'année, bien que ne recevant qu'assez peu de pluies, alors que dans l'extrême nord, les écarts de température sont considérables entre le jour et la nuit. Les précipitations y atteignent souvent plus de 5 000 millimètres par an, participant ainsi du climat sub-tropical du Yunnan. Les monts encadrant la grande plaine à l'est et à l'ouest ont un climat généralement plus tempéré, et les pluies y alimentent de grandes forêts de bambous et de teck, et parfois sur les pentes une végétation luxuriante. Seuls sont cultivés les fonds des vallées, là où elles sont larges et plates et où les rizières peuvent prospérer. Sur les pentes on récolte le sésame et l'arachide, la canne à sucre et les arbres fruitiers, surtout des citronniers. On y trouve aussi, un peu partout, des champs de tabac, des bananiers et des légumes divers, parfois du maïs et du millet, ainsi que du coton et des théiers dans la basse vallée du Chindwîn où l'on élève également des vers à soie dont les cocons alimentent une industrie prospère.

Les paysans sont aidés dans leur tâche par des buffles d'eau qui, depuis des millénaires, tiennent lieu dans toute l'Asie tropicale de nos modernes tracteurs et qui, pétrissant de leurs pas lourds et lents la boue des rizières, les fertilisent de leurs excréments. Bien qu'ils ne soient nullement sacrés, ils sont aimés et choyés par les cultivateurs, et la scène est courante qui offre la vue d'un enfant juché sur leur dos, les conduisant d'une simple ficelle passée dans une narine. Cochons, poules et canards sont légion, mais on ne rencontre des chèvres que sur les hautes terres.

Cet immense pays, dont la superficie égale à peu près celle de la France, de la Belgique et de la Suisse réunies, 676 577 km^2 pour être précis, et peuplé d'environ 45 millions d'habitants, est à dominance rurale, 75 % des habitants se livrant à des activités agricoles, forestières, de pêche et corollaires.

Du fait de l'orographie particulière du Myanmar, les routes et chemins de fer ne peuvent desservir que les régions de plaines. Elles sont pratiquement inexistantes dès que l'altitude et les dénivellations deviennent importantes : les pistes alors les remplacent. On a tenté et réussi malgré tout avant la Seconde Guerre mondiale, de tailler une route longue de plus de mille kilomètres reliant Lashio à Kunming en Chine et, pendant cette même guerre, en 1944, la « route Stillwell » longue de 700 kilomètres entre la Birmanie et l'Assam est demeurée tristement célèbre pour l'hécatombe de soldats et de travailleurs qui y œuvrèrent, les difficultés, dans l'un et l'autre cas étant presque insurmontables tant en raison du climat que de la rudesse du terrain. Ces routes d'épopée sont maintenant abandonnées et, n'étant plus entretenues, la jungle et la montagne ont repris leurs droits. De nos jours, c'est la navigation fluviale qui a la préférence des Myanma, l'Irawady étant navigable toute l'année jusqu'à Bhamo (une distance d'environ 1 500 kilomètres) pour les navires de fort tonnage, et plus loin au nord pour les petits bateaux pendant la saison des hautes eaux, de juillet à septembre ; le Chindwîn, son principal affluent, est praticable sur plus de 600 kilomètres. Le delta, avec ses innombrables bras, ne peut être parcouru qu'en bateau. Les autres fleuves ne sont guère navigables que dans leur embouchure, laquelle peut atteindre 120 kilomètres pour le Salwîn. Quant au Sittang, il n'est accessible qu'aux barques, raison pour laquelle ses eaux servent surtout au flottage des bois.

Le chemin de fer est peu développé, son réseau couvrant à peine plus de 3 000 kilomètres, la ligne principale reliant Yangôn à Mandalay et Myitkina en suivant en grande partie le cours de l'Irawady. Aussi est-ce l'avion qui permet de relier le plus rapidement les points éloignés de la capitale.

L'économie repose essentiellement sur l'agriculture, la pêche et le commerce. Les forêts couvrant presque la moitié du territoire constituent une immense réserve de bois, notamment de teck, qui est activement exploité, surtout pour l'exportation. Le sous-sol du Myanmar est par ailleurs relativement riche : pétrole dans la région de Chauk sur le moyen cours de l'Irawady, ambre et jade dans l'extrême-nord, or, cuivre, étain, plomb et argent dans la région des hautes vallées du Salwîn, gemmes de Mogok au nord de Mandalay. L'artisanat y est prospère, tabac, poteries diverses, travail de l'argent et de l'or, objets en bois et surtout laques.

En définitive, sans être pour autant un pays riche, le Myanmar permet à ses habitants de mener une vie fruste, sans doute, mais exempte du spectre de la famine. En ce sens, et selon les critères locaux, c'est un « pays heureux », Pyidawtha.

LES CITÉS D'OR

Le Shwe Dagon est le premier édifice religieux des Birmans
contenant les reliques des cheveux du Bouddha,
et un moment à la gloire de leur esprit de beauté
qui leur inspire l'amour pour tous les êtres vivants.
U Win Pe.

Yangôn

Plus connue sous le nom anglais de Rangoon, Yangôn est la seule porte d'entrée du Myanmar et, à vrai dire, la seule cité dont le nom parle aux Occidentaux, si l'on excepte peut-être Mandalay. On n'y a accès que par bateau (rarement) ou par avion. Dès avant que celui-ci atterrisse à l'aéroport de Mingaladon, d'un regard curieux jeté par le hublot, on est ébloui par le miroitement infini des rizières à la surface desquelles flottent les reflets des nuages. On en a longtemps rêvé, on y est enfin.

Le premier contact cependant n'étonne pas et peut avoir quelque chose de décevant. À part la route qui mène au centre ville, et qui offre de rapides aperçus sur les magnifiques lacs royaux, rien dans la ville qui puisse flatter un certain goût d'exotisme, à part peut-être le costume arboré par la plupart des habitants, et la chaleur.

C'est que Yangôn (un nom qui signifie « fin des combats » et qui lui fut donné par le roi Alaungpaya en 1755) est, de paisible port et petite cité religieuse, devenue, par la grâce du génie britannique, à partir de 1852, une création européenne, avec ses rues tracées au cordeau se coupant à angle droit, ses bâtiments administratifs, sa gare aux quatre tourelles carrées à toits birmans, sa cathédrale de style néo-gothique, ses banques, son musée national, son obélisque célébrant l'indépendance, sa poste centrale et ses hôtels. Seules, rompant la monotonie des grandes artères qui longent le « fleuve de Rangoon » (localement appelé Hlaing), un des bras de l'Irawady, et des transversales qui rejoignent les collines, quelques pagodes situées aux carrefours, comme la Sule et la Botataung, entièrement recouvertes d'or (et souvent hélas, illuminées la nuit par des tubes de néon vert, rose ou bleu) et les places de marché animées surtout le matin et le soir, nous plongent d'une manière presque inattendue, au cœur même du Myanmar.

Tôt le matin, les rues sont remplies d'une foule bigarrée, lentement affairée, souriante. Hommes et femmes en majorité portent le costume national, longue jupe serrée appelée *longyi*, à petits carreaux (*pasoe*) pour les hommes, à fleurs (*hteme*) pour les femmes, chemise blanche sans col ou veste noire à plusieurs poches (*taikpon*) pour les uns, une blouse brodée (*eingyi*) pour les autres. Les femmes aiment se parer de bijoux et de fleurs rochers et pagodes ont été entièrement recouverts de feuilles d'or par la piété des fidèles. De la plaine on peut apercevoir ces boules dorées arrivées comme par miracle au sommet de la colline, éblouissantes de soleil. La ferveur qui se manifeste en ce lieu de légende (on raconte que ces pagodes furent fondées au temps du Bouddha, mais il semble plutôt qu'elles furent érigées en 1823 par un pieux roitelet de la région) est sans égale, et les pèlerins déposent nuit et jour au pied des rochers d'or des bougies par centaines et des fleurs en hommage au Bouddha (et aussi aux nat ou génies des lieux). Quelques-uns d'entre eux demeurent plusieurs jours en cet endroit fantastique et logent dans les auberges des monastères, ouvertes à tous, afin de mieux s'imprégner de la sainteté des lieux. Ayant ainsi « gagné des mérites », ils s'en retourneront à Yangôn ou ailleurs, certains d'être régénérés et de mener désormais une vie plus conforme à l'enseignement du Bouddha.

1

Yangôn.
Le grand stûpa du Shwe Dagon
dresse sa masse imposante sur une colline
au centre de la ville.

2 ▶

2 - Yangôn.
Shwe Dagon,
haut de 106 mètres,
est le monument
le plus vénéré
du Myanmar.

3 - Yangôn.
Entouré de centaines
de sanctuaires dédiés
au Bouddha
et aux nat,
le Shwe Dagon
est un des sanctuaires
bouddhiques
les plus visités.

4 - Yangôn.
Shwe Dagon.
Des stûpa,
également dorés,
gardent les quatre
points cardinaux
du sanctuaire principal.

4 ◀ 3

5 - Yangôn.
Shwe Dagon.
Tout autour de la plate-forme de la base s'élèvent de petites chapelles dédiées au Bouddha

6 - Yangôn.
Shwe Dagon.
De hautes structures en forme de pyatthat parsèment l'extérieur de la plate-forme, abritant chapelles et salles diverses.

7 - De nombreux stûpa élevés aux frais des fidèles imitent le soubassement du grand zedi.

7

8 - Yangôn.
Shwe Dagon.
Fidèles et visiteurs
font rituellement
le tour du grand zedi
sur la plate-forme
qui entoure sa base.

8

9

9 - Yangôn. Shwe Dagon.
Au nord du zedi principal s'élève une réplique du temple de la Mahâbodhi de Bodh-gayâ en Inde.

10 - *De nombreuses salles de prières, surmontées de toits « pyatthat » entourent l'extérieur de la plate-forme.*

11 - Yangôn.
Shwe Dagon.
Une des innombrables statues du Bouddha ornant les chapelles, ici montré en « prise de la terre à témoin ».

12 - Près de l'entrée ouest, un des pavillons est orné d'énormes piliers « à prières » décorés à profusion.

13 - Yangôn.
Shwe Dagon.
Les statues des nat ou génies tutélaires, considérés comme des gardiens du sanctuaire, se dressent un peu partout.

*14 - Yangôn.
Shwe Dagon.
Les fidèles
s'agenouillent
pour prier
et offrent des fleurs
et des bougies
aux statues
du Bouddha
et des nat.*

15 - Yangôn.
Shwe Dagon.
Déambulant
sur la plate-forme,
on peut voir des
bonzesses vêtues
de rose qui viennent
rendre hommage
au Bouddha.

16 - Crâne rasé,
quelques bonzesses
prient, mains jointes.

18

19

17 - 18 - Yangôn. Chaukhtatgyi
Sanctuaire du grand Bouddha couché aux pieds décorés des 108 marques caractéristiques de son état.

19 - À Bago, les pieds du grand Bouddha du Shwethalyaung sont décorés de verroteries de couleurs.

20

20 - Yangôn. Shwe Dagon.
Décor doré de l'entrée d'une des chapelles extérieures.

21 - Yangôn. Shwe Dagon.
Bouddha d'une des chapelles extérieures.

22 - Yangôn.
Kandawgyi (lac royal). Reproduction d'une barque royale dédiée à Karaweik (Garuda), la monture ailée de Vishnu.

21

22 ▶

23

23 - Kyaiktiyo. Offrandes de bougies au grand rocher d'or, lorsque la nuit est venue.

24 - Kyaiktiyo. Grand rocher d'or en équilibre instable.

25 - Kyaiktiyo. La base du grand rocher-pagode est décorée de pétales de lotus dorés.

26

27

26 - Bago. *Kyaik-pun* (1416). *Détail du pli du vêtement de l'un des quatre* Bouddha.

27 - Bago. *Statues du* Kyaik-pun, *bloc de quatre statues du* Bouddha *assis, hautes de quelque trente mètres.*

29

28 - Bago. La pagode du Shwemawdaw, construite pour abriter une dent du Bouddha, culmine à plus de 114 mètres. C'est la plus haute pagode du monde.

29 - Bago. Shwemawdaw. Une des chapelles de l'enceinte

30 - Bago.
Pagode blanche
du Mahazedi.
Les étages symbolisent
le mont Meru,
axe du monde.

31 - Bago. Mahazedi. Stûpa votifs entourant le zedi principal reconstruit en 1982.

32 - Bago. Flottage du bois sur la rivière Bago

33 - *Bago. Passerelle en bambou franchissant la rivière Bago.*

34 - *Bago. Navigation à voile sur la rivière Sittang.*

35 - Bagan.
Petit temple en brique montrant une entrée en projection de type « klek »

LE ROYAUME DES TEMPLES

Les pagodes ne sont pas seulement des lieux d'adoration et de rituel ;
car en cette matière, l'adoration rituelle
n'a pas sa place dans l'enseignement bouddhique.
Ce sont aussi des centres d'activité sociale.
Khin Myo Chit.

Une histoire mouvementée

Le peuplement du Myanmar remonte fort haut dans la Préhistoire. C'est à Anyathia dont le nom servit à désigner une phase de l'industrie humaine, qu'on a découvert les éléments d'une culture paléolithique importante. Celle-ci semble déboucher directement sur des cultures néolithiques qui se développèrent le long de l'Irawady, principalement près de Magwe et dans les environs de Pagan. On passe ensuite, presque sans transition, aux premiers témoins de l'occupation indienne, avec des pièces de monnaie marquées du trident et du taureau de Shiva, et que l'on peut dater du IVe siècle environ. Malheureusement, le climat tropical n'a pas permis la conservation de nombreux sites anciens, et les conditions économiques autant que climatiques y rendent les fouilles très difficiles. On a malgré tout retrouvé dans l'Arâkan des vestiges de villes de civilisation indienne, datant du IVe au Xe siècle, et ceux de quelques cités des Pyû, notamment à Hmawza près de Prome, à Peikhtanomyo et Haligyi, qui représentent probablement les plus anciens vestiges citadins du Myanmar.

La plupart des ethnies peuplant le pays se sont installées à date ancienne, descendues du Yunnan à la suite de remous de populations. Les Môn, arrivés bien avant le début de notre ère sur les côtes du sud-est, et dont l'origine est mal déterminée, faisaient partie d'un immense groupe de peuples qui s'étendait (et s'étend encore en places isolées) du centre de l'Inde au Viêt-nam. Établis principalement dans le région de Pegû et de Thatön en Birmanie, ils furent très tôt acquis au bouddhisme du Theravâda, probablement apporté par des religieux de la côte orientale de l'Inde. Les autres, Pyû et « Birmans » descendirent en vagues successives des montagnes du sud de la Chine et du Tibet, en suivant les cours du Chindwîn et de l'Irawady

On peut supposer (car il n'existe aucun document écrit datant de cette période reculée) que, vers le IIIe siècle avant notre ère existait déjà au nord des régions occupées par les Môn de Basse-Birmanie des peuples d'origine tibéto-birmane venus du nord, le Pyû ou Tirchul, appelés Piao par les Chinois. Une de leurs capitales était établie à Shrîkshetra, l'actuel village de Hmawza près de Prome sur l'Irawady. On connaît aussi l'existence, un peu plus au nord, d'une autre cité importante, appelée en birman Peiktanomyo ou

Sawlu, ne régna que peu de temps. Un certain Kyanzittha, fils d'une princesse arakânaise, après plusieurs démêlés historico-amoureux avec diverses princesses et la reine du Pegû, ayant été banni par son père, s'était mis au service de Sawlu. À la mort de ce dernier en 1084, il s'empara du trône et aussitôt attaqua le roi du Pegû qui avait tué Sawlu au cours d'une bataille, le battit et épousa lui aussi une princesse môn, consacrant ainsi la réunion des deux royaumes. Pagan pouvait désormais avoir accès directement à la mer et au commerce maritime. Kyanzittha fut un grand constructeur de temples. On lui doit le grand édifice de l'Ânanda, consacré en 1090 : son architecte et un enfant auraient été sacrifiés et enterrés sous les fondations afin que leurs esprits en deviennent les gardiens. La pagode du Shwezigon fut achevée et Kyanzittha envoya en Inde, à Bodh-Gayâ, des architectes môn afin qu'ils y réparent le temple de la Mahâbodhi. Sous le règne de ce roi, eurent lieu les premières ambassades en Chine, en 1103 et 1106. Kyanzittha, afin sans doute de sceller de manière plus définitive l'alliance des tribus et du bouddhisme, fit alors placer les effigies des 37 nat, génies tutélaires des Birmans de la région, tout autour de la pagode du Shwezigon, disant : « Les hommes ne viendront pas pour la nouvelle foi. Laissons-les venir y vénérer leurs anciennes divinités et ils seront petit à petit gagnés par le bouddhisme. » Ce qui était pure sagesse.

À cette époque, le bouddhisme disparaissait de l'Inde et nombre de ses religieux, persécutés, étaient venus se réfugier à Pagan, apportant avec eux textes sacrés et techniques diverses. À la mort du roi en 1112, l'un de ses fils fit graver une stèle en quatre langues : môn, pyû, pâli et birman, qu'il plaça dans la pagode de Miyazedi. C'est cette stèle qui permit de déchiffrer la langue des Pyû et qui nous donna pour la première fois des dates certaines concernant la chronologie birmane.

Le nouveau souverain, Alaungsithu, régna pendant 55 ans, et fut surtout occupé à combattre des rébellions et à élever des monuments à Pagan, comme le Shwegû (1147), le Thatbinnyu (1144). Shin Arahan, qui était devenu le Primat du royaume, mourut en 1115, après avoir été le conseiller de quatre souverains. Le bouddhisme du Theravâda était maintenant bien implanté, et le peuple birman devait garder cette foi jusqu'à nos jours. On prête à Alaungsithu, entre autres choses, l'introduction d'un certain genre de musique et l'établissement d'un système unifié de poids et mesures. Il serait mort à l'âge de 81 ans. Les œuvres religieuses et juridiques furent alors rédigées en pâli, la langue sacrée du bouddhisme cinghalais. À côté de cet essor spirituel qu'il s'efforça de promouvoir, le roi Narapatisithu continua d'embellir Pagan de grands monuments (parmi lesquels le Gawdawpalin et le Sulamani) et d'améliorer le système d'irrigation de la plaine de Kyaukse. Il mourut en 1210 et l'un de ses fils, Zeyatheinka, plus connu sous le surnom de Htilominlo, prit la couronne tout en laissant le pouvoir à ses frères. Le temple qui porte son nom demeure l'un des derniers grands édifices (avec une réplique du temple de la Mahâbodhi de Bodh-Gayâ) élevés à Pagan. Le dernier roi de Pagan, Narathihapate, eut à réprimer plusieurs révoltes de ses feudataires. Malgré une prédiction qui annonçait la fin du royaume avec l'achèvement de la pagode Mingalaezedi que le roi avait commencé d'élever en 1274, celui-ci tint à terminer l'œuvre commencée.

Cependant, dans le Yunnan et le

Nanzhao, les Mongols qui avaient conquis la Chine, avançaient rapidement. Narathihapate aurait alors fait démolir des centaines de temples de Pagan pour fortifier le site avec leurs briques, mais devant l'avance des Mongols, pris de peur, il s'était dès 1283 enfui à Hmawza. Les troupes de Khubilai-khân entrèrent alors en Birmanie et, à la suite de plusieurs expéditions, prirent en 1287 le royaume de Pagan. Le site, laissé sans chef, avait surtout été la proie, non particulièrement des troupes mongoles, très disciplinées, mais de bandes de pillards descendus des plateaux des Shan qui incendièrent la plupart des palais. Un des fils de Narathihapate tenta bien de reprendre les rênes du gouvernement, mais l'État, désorganisé, ne pouvait survivre et le pouvoir passa très vite aux mains de nouveaux venus descendus du nord par la vallée du Salwîn, les Shan, une branche des Thai...

L'éclatement des royaumes birmans

La prise de Pagan par les Mongols (qui se retirèrent presque aussitôt d'ailleurs), en brisant le pouvoir central qui, depuis près de trois siècles avait maintenu les peuples de Birmanie dans une entente relative, provoqua le retour au chaos d'avant le xe siècle. Langues et coutumes différaient beaucoup entre ces peuples qui, à partir de la fin du XIIIe siècle, se soulevèrent et prétendirent à l'indépendance. Par ailleurs, un marchand thai, ayant épousé la fille du roi d'Ayuthyâ au Siam, avait réussi à se faire nommer gouverneur du Martaban à Moulmein. Ce Makathô (appelé Wareru par les Birmans) conquit le Pegû puis se proclama roi de toute la Basse-Birmanie. Ce Wareru est surtout connu pour avoir fait rédiger le premier code de lois de Birmanie, basé sur les « Lois de Manu » (*Mânavadharma-shâstra*) de l'Inde, et qui fut désigné alors sous le nom de *Wareru Dhammathat*. Entre-temps Kyawzwa, un des fils de Narathihapate, avait pris la couronne à Pagan tandis que trois chefs shan, fils d'un roitelet thai, se partageaient les restes de l'ancien royaume. Kyawzwa ne tarda pas à être mis à mort par l'un d'eux et la cité de Pagan fut de nouveau pillée et incendiée. Le descendant d'un des trois chefs s'établit à Pinya en 1312 et son fils à Sagaing. Dans le Sud, les descendants thai de Wareru continuèrent à régner jusqu'en 1539, malgré quelques conflits avec le royaume siamois de Sukhôthai. À l'est, la ville de Taungû demeurait un bastion birman qui s'érigea en État à l'avènement du roi Thinkaba.

Pendant ce temps, les petits royaumes du nord de la plaine birmane, Pagan, Ava, Sagaing, Pinya, ne cessaient de s'entre-déchirer. La situation ne commença à s'éclaircir que lorsque le roi Thabinshweti monta sur le trône de Taungû. Ce roi, fort de nombreux réfugiés birmans fuyant la tutelle des Shan, et aidé par son beau-frère Bayinnaung, entreprit en 1535 la reconquête du pays. Il s'empara de Pegû en 1539, engagea des mercenaires portugais, prit le port de Martaban en 1541 ainsi que la ville de Moulmein. Il se fit couronner à Pegû, puis à Pagan en 1546. Les Siamois l'ayant attaqué, Thabinshweti et ses mercenaires portugais allèrent mettre le siège devant Ayuthyâ, la capitale thai. Tous les États thai de l'est du pays tombèrent entre ses mains : ils constitueront les États des Shan. Bayinnaung soumit enfin, par deux fois, en 1564 et 1569, la capitale du Siam. Il semblait alors que la réunification de la Birmanie fût chose faite. La ville de Pegû fut réédifiée et le grand stûpa du

Mahâzedi construit. Mais la division des gouverneurs et des vice-rois, toujours tentés de s'affranchir de la tutelle royale, fut bientôt fatale au pays. Dès 1584, le Siam attaqua et mit le siège devant Pegû. Une campagne de représailles contre Ayuthyâ se solda par un échec. Finalement, ce furent des troupes arakânaises qui, en 1559, prirent Pegû qui sera encore une fois complètement pillée. Pour de longues années l'anarchie allait de nouveau régner, les roitelets se succédant sans qu'aucun réussisse à ramener l'ordre. Une civilisation originale ne pouvait guère se développer dans de telles conditions. Les religieux bouddhistes seront les seuls à garder intactes traditions et valeurs humaines à travers les vicissitudes qui allaient accabler le pays.

La cité des temples de brique

Le site archéologique le plus important du Myanmar est sans conteste celui de Pagan où, nous l'avons vu, se développa du XIe au XIIIe siècle, un empire birman bouddhique dont les vestiges de stûpa (appelés *paya* ou *zedi* en birman), de monastères et autres bâtiments, tous en brique, demeurent encore en nombre considérable (on parle de plus de cinq mille dont environ près de 2 000 demeurent debout, malgré le tremblement de terre qui, en 1975, ruina nombre d'entre eux), inaugurant et développant des styles d'architecture qui se perpétueront, avec des modifications locales, dans toutes les régions birmanes, reflétant diverses influences, indiennes, cinghalaises et môn. Les grandes structures telles que l'Ânanda ou le Thatbinnyu semblent directement inspirées des temples plus modestes des Pyû, bien que les légendes les voudraient imitées de l'architecture indienne. Malgré la multiplicité des formes architecturales qui constitue un des attraits de Pagan, l'art de la sculpture ne semble guère innover, imitant surtout les styles Pâla et post-Gupta de l'Inde. Les Birmans, qui se montrèrent ici des architectes à l'inspiration inépuisable, semblent avoir été moins attirés par la sculpture. Les statues du Bouddha sont généralement hiératiques lorsqu'elles sont de dimension architecturale, et se rapprochent de l'art cinghalais dans les petites œuvres. Les peintures murales qui ornent les murs intérieurs de quelques temples montrent en revanche un style proche de celui des anciennes miniatures indiennes de l'Orissa. Mais elles sont malheureusement très dégradées.

Ce qui caractérise les temples et édifices de Pagan, c'est leur tendance au gigantisme, la coutume voulant qu'une structure, temple ou statue, ne soit jamais détruite mais agrandie par recouvrements successifs (*pawdawmu*). La pierre fut rarement utilisée, sinon pour renforcer les angles de quelques structures, et c'est la brique, recouverte de stuc et peinte, qui fut toujours utilisée. L'érection sur le site de Pagan et des villages l'entourant, de si nombreuses et imposantes structures en brique, nécessita alors le travail de milliers d'artisans. Ceux-ci déboisèrent complètement la région dans le but de se procurer le combustible nécessaire pour cuire les dizaines de millions de briques que ces constructions exigeaient. C'est la raison pour laquelle le site est maintenant aride, un changement dans la direction de la mousson ayant également participé à son assèchement.

La ville de Pagan était idéalement située sur la rive de l'Irawady à l'endroit où ce fleuve fait un coude. Son port, Nyaung-u, est situé à peu de distance, et c'est là que fut érigée la première grande pagode, la Shwezigon, commencée par Anawratha en 1059 et terminée par son fils Kyanzittha vers 1110. De type cylindrique, posée sur un triple soubassement carré et terminée par une haute spire, elle servit de modèle à la plupart des autres pagodes dites « de style birman ». Elle est périodiquement redorée sur toute sa surface et, chaque nouvel an, on vêt d'habits neufs les statues des 37 nat qui l'entourent. Dans les environs se dresse une petite pagode de style cinghalais due à un moine du nom de Sapada revenu de Ceylan où il avait été étudié, et qui se distingue par son corps renflé et la boîte carrée (*harmikâ*) qui la surmonte. À quelque distance, on aperçoit un grand temple en pierre et brique, à moitié creusé dans la falaise, la Kyaukku-umin, qui aurait été construit par le roi Narapathisithu au XIe siècle, et dont l'intérieur est décoré de multiples sculptures des « mille Bouddhas ».

Le site de Pagan, qui s'étend sur près de 50 kilomètres carrés, comprend, en dehors de Nyaung-u, bourgade d'environ 20 000 habitants, le petit village de Wetkyi-in, l'ancienne cité de Pagan encore entourée de murs, et les villages plus distants de Myinkaba, de Thiripitsaya au bord du fleuve, de Minnanthu et de Pwawsaw à l'intérieur. Mais les temples, pagodes et monastères, bien que concentrés pour la plupart à Pagan même où se trouvent les plus imposants, se répartissent sur toute la surface du territoire de ces villages. C'est une véritable forêt de structures qui s'étend presque jusqu'à l'horizon, simplement séparées les unes des autres par quelques maigres bosquets, quelques champs et le lit de petites rivières qui sont asséchées la plus grande partie de l'année et qui recueillent toute la poussière soulevée par le vent. Entre ces temples demeurent les bases de ce qui furent des palais, des monastères, des maisons qui, construits en bois, ont complètement disparu. Seuls ont subsisté les monuments en brique. Les plus importants sont en relativement bon état, la plupart des autres sont souvent délabrés et leur revêtement primitif de stuc a disparu, laissant la brique à nu. Il est inimaginable qu'en si peu de temps, à peine trois siècles, une telle quantité d'édifices ait pu être élevée. La population devait alors être très nombreuse et fourmillant d'activité, pratiquement toutes au service du roi et des religieux, les paysans étant occupés un peu plus au sud dans la riche plaine de Kyaukse.

À Wetkyi-in, entre Nyaung-u et Pagan, s'élève un des rares monastères anciens encore debout, appelé Shinbome, structure massive à deux étages disposés autour d'une tour centrale. Non loin, se remarque une salle d'ordination, l'Upalithein, vaste édifice rectangulaire au toit encore intact et dont l'intérieur, plusieurs fois restauré, fut décoré de peintures au XVIIIe siècle. Et, trônant au-dessus de tous les templions et pagodes, s'élève le temple de Htilominlo, le roi nommé ainsi parce que, raconte la légende, il fut choisi par une ombrelle qui d'elle-même s'était inclinée devant lui, le désignant ainsi parmi les cinq fils du roi Narapatisithu. Cette massive structure cubique, haute de 50 mètres, peinte en blanc, possède deux étages et une galerie circulaire intérieure ornée de quatre grandes statues du Bouddha.

En entrant dans l'ancienne cité de Pagan, on ne peut manquer d'apercevoir un des plus remarquables exemples de l'architecture birmane, le temple d'Ânanda, construit en 1091 par Kyanzittha, qui demeure encore l'un des sanctuaires les plus vénérés du pays. Il se présente sous la forme d'une structure carrée de

65 mètres de côté que prolonge sur chacune de ses faces un large porche avancé. L'intérieur est percé de part en part de couloirs se coupant à angle droit, disposés autour du massif pilier central auquel sont adossées quatre grandes statues du Bouddha debout, hautes chacune d'environ dix mètres. Les quatre entrées ont leur ouverture décorée du motif de flammes typique de l'art birman, appelé *klek*. Le feu de ces flammes surmontant les portes est censé dévorer les passions et purifier le fidèle qui les franchit.

À côté, s'élève une élégante structure à terrasses, aux angles relevés, la Pithakattaik, une bibliothèque construite par Anawratha pour abriter les Écritures sacrées rapportées de son expédition victorieuse sur les Môn de Thatön.

En entrant dans l'antique cité par une porte (Saraba ou Tharaba) gardée par les chapelles des deux nat gardiens, on ne peut qu'être étonné de la concentration des monuments. Ici, dans cette cité royale, tout incitait à la vénération du Bouddha, depuis l'immense temple du Thatbinnyu, haut de quelque 66 mètres, de la terrasse supérieure duquel on a une vue étendue sur l'immensité de la plaine hérissée de temples, jusqu'à la pagode bulbeuse (Bupaya), toute blanche et qui, dressée au bord du fleuve, servait de repères aux navigateurs (écroulée en 1975, elle a été depuis reconstruite), en passant par le temple de la Mahâbodhi, imité de celui de Bodh-Gayâ en Inde, par le Nat-hlaung-kyaung, le seul sanctuaire brâhmanique encore debout, le grand temple Gawdawpalin dont la spire culmine à 60 mètres, ou le temple môn de Pathothamya datant du xe siècle. On ne peut les citer tous ici, mais ils sont légion.

En dehors des murs de la cité, se remarquent la blanche pagode Shwenandaw, en forme de pyramide, construite en 1057, le temple du Lokatheikpan, aux murs intérieurs décorés de belles fresques murales (malheureusement très abîmées) du xiie siècle, puis plus loin les pagodes de Dhamayangyi, à l'exécution si parfaite qu'il n'est pas possible de glisser une épingle entre les briques tant elles sont ajustées (et collées) avec précision, le temple de Manuha où fut enfermé le malheureux roi de Thatön, et, dans le village de Minnanthu, l'immense pagode de Dhammayanzika construite sur une base pentagonale et dont les terrasses sont encore décorées de tuiles de terre cuite...

Décrire tous les temples de Pagan demanderait un ouvrage entier. Mais en parcourant le site, on ne peut se déprendre d'un certain regret : où sont les ors, les cavalcades, les palais, les gens qui, autrefois, peuplaient le site, l'animaient d'une vie intense ; on ne peut s'empêcher de penser que, selon la philosophie bouddhique, tout ici bas naît et disparaît nécessairement. *Sic transit gloria.*

Bagan.
Coucher de soleil sur la pagode
Mingalazedi (1284).

37 - Bagan.
Lever du jour
sur la pagode
Mingalazedi.

38 - Bagan.
Vue générale du site
et de ses milliers
de pagodes
et de temples.

39 - Bagan.
Multitude de temples.
Au fond, à droite,
le Thatbinnyu
(milieu du XIIe siècle)

37

38 ▶
39 ▶

42

40 - Bagan. Temple du Dhammayangyi, inachevé, le plus grand temple de ce type au Myanmar, élevé entre 1167 et 1170.

41 - Bagan. Dhammayangyi. Une des entrées du temple surmontée du motif en « klek ».

42 - Bagan. Dhammayangyi. Décor de devata (être céleste) surmontant une tête de Kâla (monstre des éclipses). Stuc sur brique.

45 - Bagan.
Vue du site avec, au fond, le temple d'Ananda.

46 - Bagan.
Temple d'Ananda datant de 1091. Terrasses supérieures et tour (shikhara) de style indien.

47 - Bagan. *Temple d'Ananda, vue générale des entrées en projection.*

48 - Bagan.
Temple d'Ananda.
Grande statue d'un des quatre Bouddha adossés au pilier central intérieur.

49 - Bagan.
Temple d'Ananda.
Détail du shikhara central.

52 - Bagan
(Nyaung-U).
Grand zedi
du Shwezigon,
élevé vers 1100.

53 - Bagan
(Nyaung-U).
Statues de lions
et des nat autou
du Shwezigon.

54 - *Bagan*
(*Nyaung-U*).
Shwezigon.
Le dôme centra

55 - Bagan (Nyaung-U). *Shwezigon. Les arbres de bon augure.*

56 - *Bagan (Nyaung-U). Shwezigon. Statue du Bouddha debout.*

57 - Bagan (Nyaung-U). Shwezigon. Un des lions ornant les angles du grand zedi.

58 - Bagan (Nyaung-U). *Shwezigon. Décor de verres de couleurs sur des colonnes.*

59 - Bagan (Nyaung-U). Shwezigon. *Décor de verroteries d'une colonne d'une chapelle.*

59

60

60 - Bagan (Nyaung-U). *Shwezigon*.
Un des panneaux de terre cuite vernissée de la façade représentant un épisode des Jâtaka.

61

61 - Bagan (Nyaung-U). Shwezigon. Autre panneau représentant un des Jâtaka.

63

62 - Bagan. *Myinkaba. Ruines du monastère* Kyaung Somingyi *datant de* 1204.

63 - Bagan. *Monastère (XIIIe siècle) détruit par un tremblement de terre*

64 - Bagan, Sulamani (1181). Décor de stuc d'un des angles de la base de la pagode.

65 - Bagan, Mahâbodhi (début XIIIe siècle). Niches à Bouddha de la base du temple.

68 - Bagan.
Htilominlo.
Un des bouddhas de l'intérieur.

69 - Bagan.
Htilominlo.
Corridor intérieur
décoré d'une statue
du Bouddha.

70 - *Bagan. Paysannes se rendant à une cérémonie bouddhique.*

74 - Bagan.
Vendeuse de fleurs pour le culte du Bouddha.

LA VIE DE TOUS LES JOURS

Par cet acte, répandant l'eau de libation,
aide-moi à atteindre l'omniscience
et la sagesse du Bouddha.
Stèle de Miyazedi (XIe siècle).

Les birmans actuels sont, pour une immense majorité, fidèles au bouddhisme du Hînayâna (ou Theravâda), c'est-à-dire des « écoles du Sud », plus proches de l'enseignement original du Bouddha que les religions qui se développèrent par la suite sur ses bases et que l'on a groupé sous le nom générique de Mahâyâna ou « grand véhicule » (de progression sur la voie de la Réalisation). Mais il n'en fut pas toujours ainsi. En effet, la basse vallée de l'Irawady était le siège de dynasties hindoues depuis le début de l'immigration indienne, qui se produisit longtemps avant notre ère, et qui se fondit dans le substrat indigène, d'origine tibéto-birmane ou môn. Ces derniers, arrivés eux aussi très tôt dans la péninsule y adoptèrent le bouddhisme du Theravâda apporté par des moines venus soit de l'Orissâ, soit des grands centres religieux de l'Inde du Sud, Amarâvatî et Kañchipuram, par mer bien évidemment, les relations maritimes ayant de longue date existé entre les côtes méridionales du Myanmar, Ceylan et la frange orientale de l'Inde. Il est probable d'ailleurs que les antiques ports de Thatön et de Pegû servaient de relais aux navires indiens s'aventurant le long des côtes malaises et se dirigeant vers le détroit de Malaka. On pense avec quelque raison que l'essor missionnaire des bouddhistes indiens débuta après le fameux Concile de Pâtaliputra, troisième du genre, alors que le roi Ashoka, au IIIe siècle avant notre ère, encouragea l'expansion du bouddhisme vers le sud, à Ceylan et, de là, vers l'est, de même qu'il aurait envoyé vers le Kashmîr d'autres religieux qui, par la suite, répandront la bonne parole en Asie centrale.

Le bouddhisme du Theravâda, suivant de près l'enseignement du Bouddha, ne considère nullement Celui-ci comme un dieu, mais seulement comme le Sage qui montra la voie à suivre pour obtenir une vie meilleure et s'affranchir de la douleur résultant de la naissance. Les innombrables statues du Bouddha que l'on rencontre à chaque pas au Myanmar ne furent érigées que pour rappeler aux fidèles la permanence de Son enseignement. On ne les adore pas, on les vénère seulement comme étant les représentations de la Loi bouddhique, et on leur offre des fleurs et des lumières en simple hommage à Sa sainteté ou en remerciement pour l'enseignement offert. Prier le Bouddha, c'est tout d'abord se donner la force de suivre les préceptes que le Sage avait énoncé au temps où il s'opposait au

Accompagnant infailliblement les pwe, un orchestre de percussions, le *duriya-waing*, ponctue l'action, souligne les gestes des héros. Le musicien en chef se trouve assis au centre d'un cercle de gongs, le *saing-waing*, et dirige les joueurs de xylophone de bambou, le *patola*, et ceux qui jouent de la flûte (*pulway*), du hautbois (*hne*) ou du violon birman à trois cordes, le *thro*. On voit rarement maintenant, sauf sur certaines scènes de théâtre officiel, des harpes birmanes (*saung-gauk*), au long col de cygne gracieusement recourbé.

Parfois aussi les pwe présentent des spectacles de marionnettes à fils (*yok-the pwe*) qui content les mêmes histoires en y ajoutant souvent des allusions sociales ou même érotiques. Certains spectacles de marionnettes sont interprétés par des acteurs et actrices qui miment les mouvement saccadés des poupées.

Les Birmans de tous âges et de toutes conditions raffolent de ces spectacles et, accroupis sur des nattes devant la scène surélevée, y passent la nuit, mangeant, buvant du thé, bavardant, dormant même parfois pour ne se réveiller que quelques instants lorsque l'action devient pathétique. Tout cela dans une atmosphère bruyante, gaie, bon enfant, où chacun, le temps d'une nuit, oublie ses soucis pour s'identifier aux heurs et malheurs des héros.

La joie populaire qui caractérise la vie birmane se remarque également tous les jours, surtout lors des marchés, toujours hauts en couleur où la foule vient se frotter à la foule, discuter avec les marchandes, s'asseoir sur une pierre pour fumer un chîrût ou déguster une des spécialités de la région. Si les marchés du matin sont faits pour s'approvisionner, ceux du soir sont plutôt des occasions de rencontre où, autour d'un plat de nouilles (*mohinga*) bien assaisonnées, on peut tranquillement discuter affaires, plaisanter ou se raconter les derniers potins, à la lueur des lumignons qui se balancent au-dessus des étals. Le soleil disparu, c'est l'heure de la nonchalance, de la déambulation sans objet, où l'on goûte un peu de fraîcheur. C'est le moment de projeter de s'acheter un nouveau longyi, de juger de la qualité ou du dessin de l'étoffe, d'essayer une nouvelle paire de sandales, de discuter des prix sans passion, juste pour le plaisir de s'informer, d'apprécier à leur juste valeur ou pour leur utilité les objets de l'artisanat local en bambou ou en teck, les laques polychromes de Pagan, les boîtes à chaux pour le bétel en argent ciselées à Mandalay ou encore de choisir un bijou ou un jouet à offrir pour les enfants, de flâner sans but précis en attendant que ce soit l'heure de rentrer chez soi, ce que chacun fait finalement, à pas lents, pour aller dormir.

75

Kalaw.
Scène de marché aux fleurs.

78 - Bago.
Étalage de fruits de jujube et de légumes.

79 - Kalaw.
Paysan Shan fumant un cigare (chîrût).

80

80 - Mandalay. Bonzesses quêtant leur nourriture le matin de bonne heure.

81 - Mandalay. Petite fille novice en prière.

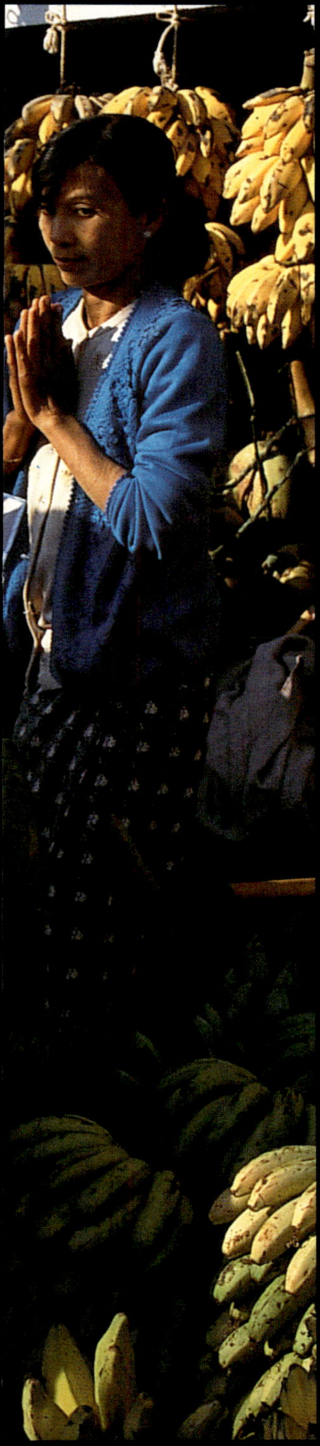

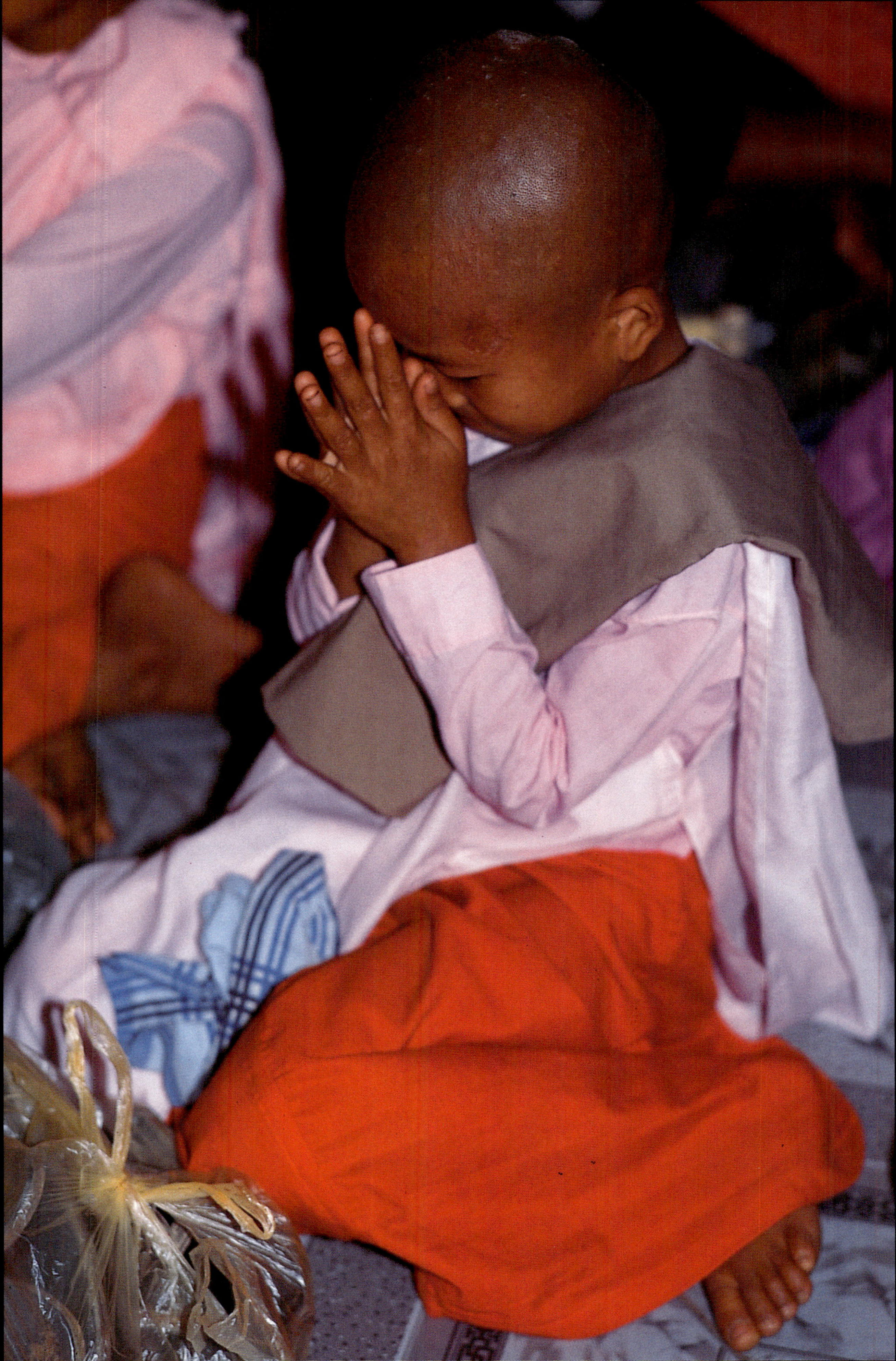

82

83

82 - *Salay. Bibliothèque du monastère Yoe Soe, près de Bagan.*

83 - *Un jeune pongyi et son maître, dans le monastère Shwe Yan Phay près du lac Inle.*

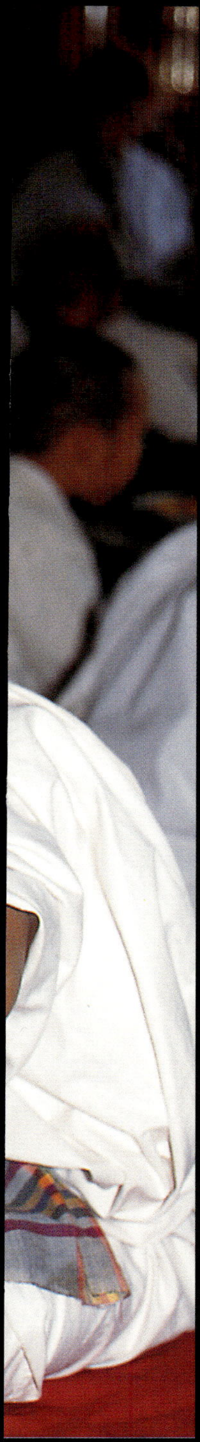

87 - Décor mural
d'une salle du monastère
Shwe Yan Thay,
près du lac Inle.

88 - Mont Popa.
Vue générale
du mont sacré
et de ses sanctuaires
du sommet.

90

89 - *Mont Popa. Statues des nat ornées d'étoffes, hommages des fidèles.*

90 - *Bagan (Nyaung-U). Shwezigon. Statue d'un des 37 nat du mont Popa.*

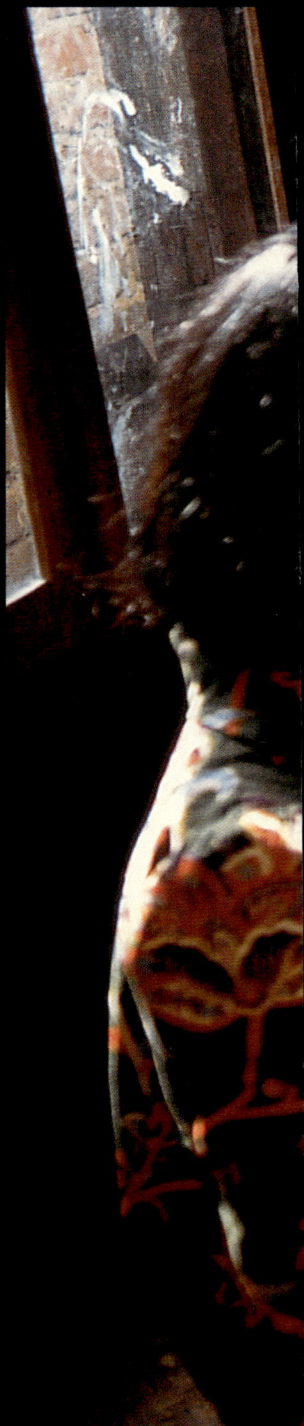

92

91 - Ava. Femme apportant des offrandes.
Son visage est enduit de pâte de bois de thanaka.

92 - Mandalay. Préparation artisanale des feuilles d'or

93 - *Une figure de danse d'un pwe populaire.*

94 - Spectacle de « marionnettes humaines ».

95

95 - Musicienne jouant de la harpe birmane (saung) lors d'un spectacle de pwe.

96 - Spectacle de théâtre classique. La danse des archers du roi.

97 - Mandalay
*Jeune moine
(pongyi).*

LES CAPITALES ROYALES

Adieu Ava, endormie avec tes pagodes blanches
Sur les terrasses, la lune déploie son éventail d'argent
Et alors le tintement des cloches des pagodes
Semble faire écho aux poésies de jadis.
Poète anonyme, XVIIIe siècle.

À la fin du XVIe et au début du XVIIe siècle, les rois, installés à Ava dans le Nord et à Pegû dans le Sud, se succédèrent rapidement sans qu'aucun soit assez puissant pour enrayer les désordres, et le pays sombra dans l'anarchie. En 1619 cependant, le roi Anaukpeitlun d'Ava, qui avait réussi à reconquérir une partie de la Basse-Birmanie et avait établi sa cour à Pegû, reçut des envoyés anglais et hollandais et leur donna l'autorisation d'établir des comptoirs commerciaux à Syriam, à Pegû et à Bhamo dans la Haute-Birmanie. Mais le port de Pegû s'ensablant, les souverains délaissèrent la cité en 1635 et retournèrent à Ava, abandonnant ainsi le pays môn et ses débouchés sur la mer qui, seuls, leur permettaient d'entretenir des relations avec les pays étrangers. Mais la position d'Ava était précaire, étant dangereusement exposée aux exactions des armées chinoises fidèles aux Ming et qui, depuis l'avènement au pouvoir de la dynastie manchoue des Qing, refluaient en Birmanie, occupant la plaine de Kyaukse et pillant les campagnes. La même chose se reproduira à partir de 1950, les vestiges des troupes nationalistes (Guomindang) de Chine affluant en Birmanie pour fuir le régime communiste et y fomentant des troubles.

Les changements de capitale

Dans le sud, les Siamois faisaient de fréquentes incursions et occupaient le Tenasserim, incitant les Môn à se révolter. À l'ouest, la région du Manipur dans le sud de l'Assam, qui était vassale des rois birmans depuis l'époque de Bayinnaung, avait repris son indépendance et, aidés par les Arâkanais, ses habitants faisaient de fréquents raids de pillage jusque dans la plaine de Kyaukse, désorganisant les moyens de production et appauvrissant d'autant la petite royauté d'Ava. En 1740, les Môn de Pegû se révoltèrent une fois de plus et réussirent même à s'emparer de Prome en 1743, puis enfin d'Ava en 1752. C'est alors qu'un chef de village, Alaungpaya (que les Européens appelèrent Alompra), refusant de se soumettre aux Môn, avec l'aide de quelques partisans, réoccupa la cité d'Ava d'où les Môn s'étaient retirés, n'y laissant qu'une faible garnison. Ses premiers succès lui valurent l'adhésion de nombreux Birmans, ce qui lui permit de reprendre le contrôle de la Basse-Birmanie où il fonda la ville de Yangôn

gration d'Indiens qui constituèrent les cadres de la nouvelle administration et une main-d'œuvre malléable. Les Français ayant conclu un arrangement commercial avec Thibaw, les Anglais prirent le prétexte d'une extorsion malhabile du roi pour s'emparer de Mandalay. Toute la Birmanie passa alors sous domination britannique et fut déclarée colonie de la Couronne, le 1er janvier 1886. Thibaw fut détrôné et exilé à Bombay où il devait mourir en 1916.

La Birmanie nouvelle

L'occupation de la Birmanie par les Britanniques affecta relativement peu la vie des Birmans, au point que le commandant Pilate pouvait écrire : « Je crois que la paix britannique... pourra s'alourdir longtemps encore sans arriver ni à battre cette exubérance quasi-provençale, faite pour les manifestations extérieures, ni à éteindre la malice jolie qui luit aux yeux des petites femmes de satin fardées et fleuries. Ni l'architecture ni le système de vie austère des résidents anglais n'en viendront à bout ». En fait, le Gouvernement des Indes se souciait assez peu de ce « parent pauvre » que représentait la Birmanie, pourvu qu'il demeurât pacifique et docile. Ce qui n'était pas toujours le cas, nombre de Birmans se révoltant contre l'occupation étrangère. Les Britanniques, ayant acquis le concours des tribus des Shan et des Karen, constituèrent alors des « forces de police » qui, ajoutées à quelque 32 000 soldats indiens, étaient destinées à lutter contre ce qu'ils appelaient le « banditisme ». Les plus fervents nationalistes étaient alors les pongyi qui gardaient une autorité réelle sur la population et l'incitaient à désobéir. Mais ils demeuraient impuissants, d'autant plus que l'activité commerciale favorisée par l'implantation anglaise avait apporté une réelle prospérité au pays. Ce qui, évidemment ne pouvait compenser le sentiment qu'avaient alors la plupart des Birmans de perdre leur identité nationale et culturelle. Malgré tout, l'occupation britannique eut des effets positifs : des industries furent créées, les puits de pétrole exploités, les mines ouvertes, des chemins de fer établis, des routes tracées, et l'exportation du riz, du bois de teck et des produits du sol s'intensifia, la ville de Yangôn s'enrichissant sans cesse, pour le plus grand profit surtout des compagnies anglaises, des marchands chinois et des prêteurs sur gage indiens, ces derniers exploitant sans vergogne la naïveté des paysans birmans et les spoliant de leurs terres.

En 1917, la Birmanie obtint une certaine autonomie, mais malgré des élections, quelques moines protestèrent en se laissant mourir de faim. L'opinion britannique, émue, fit que la Birmanie fut alors séparée de l'empire des Indes en 1937 et reçut une constitution distincte. De nombreux mouvements séparatistes se créèrent aussitôt. Ils étaient dirigés par Ba Maw, ministre ayant fait ses études en France, qui réclamait l'indépendance en échange d'une participation active aux côtés des Alliés lors de la Seconde Guerre mondiale. Pendant ce conflit, des ministres obtinrent que fut instituée l'école primaire gratuite et que la langue birmane soit officialisée. Lorsque, en 1942, les Japonais entrèrent victorieusement en Birmanie au milieu de l'indifférence du peuple, il nommèrent Ba Maw au poste de Premier ministre. D'autres, comme Aung San, Thakin Soe ou Ne Win prirent leur parti dans le but de conquérir l'indépendance, qui leur fut concédée par les Japonais en 1943. Mais ceux-ci ayant ruiné l'économie, les Birmans, déçus dans leurs espoirs, opérèrent un revirement et, Aung San à leur tête, soutinrent l'effort de reconquête mené par Lord Mountbatten, ce qui leur valut enfin la reconnaissance officielle de l'indépendance birmane le 4 janvier 1948, U Nu étant alors Premier ministre. Entre temps, des rivalités intérieures avaient abouti, en 1947, à l'assassinat d'Aung San et de tous ses collaborateurs. U Nu prit alors le gouvernement en main.

Le pays avait terriblement souffert de la guerre. L'économie était à son plus bas niveau, les moyens de communication détruits, les villes de Mandalay et de Yangôn dévastées par les bombardements. Sitôt l'indépendance proclamée, les Indiens étant partis, les paysans réclamèrent leurs terres spoliées et les minorités ethniques demandèrent elles aussi l'autonomie ou l'indépendance. Le pays, déchiré par les luttes d'influence entretenues principalement par les Shan et les Karen qui refusaient de reconnaître le gouvernement d'U Nu, se trouva plongé dans l'insécurité et la guerre civile. Thakin U Nu, fervent bouddhiste, épousa alors la cause socialiste, soutenu par le général Ne Win qui le remplaça à la tête de l'État entre 1958 et 1960. Mais les bonnes intentions des uns et des autres ne suffirent pas à remettre l'économie sur pied ni à industrialiser le pays. Revenu au pouvoir en 1961, U Nu proclama le bouddhisme religion d'État. C'est alors que Ne Win fit un coup d'État pacifique, le 2 mars 1962, afin de tenter, en instaurant un régime autoritaire de type socialisant, de remettre le pays sur ses rails. Il nationalisa les chemins de fer, les rares industries, les compagnies pétrolières et les banques, bannit en 1964 tous les partis politiques, normalisa les relations avec la Chine et, ayant été élu président du nouvel État en 1972, promulgua en 1974 une nouvelle constitution. Mais l'union véritable était encore loin d'être effective et les plus importantes minorités (Shan, Karen et Kachin entre autres) contestaient toujours, souvent par la force des armes, la légalité du gouvernement de Yangôn. L'insécurité étant permanente, la Birmanie fut, pendant de nombreuses années, pratiquement isolée de l'extérieur. En 1988, un nouveau coup d'État amena au pouvoir une junte militaire dirigée par le général Saw Maung, puis en 1993, par le général Than Shwe. Le calme revint progressivement avec la prospérité et le nouveau Myanmar recommence lentement à s'ouvrir.

Les villes désertées

Ava est située sur une île de la rive gauche de l'Irawady, presque en face de Sagaing. Ces cités qui se partagèrent l'honneur d'être la capitale des royaumes birmans entre 1637 et 1837, le disputant à Amârapura, ne conservent pratiquement plus rien de leur splendeur d'antan. Les souverains, en changeant de capitale (un bien grand mot puisqu'elles n'étaient que la résidence royale), emportaient avec eux tout ce qui faisait la gloire de leur ancienne demeure : les palais étaient démontés et leurs trésors établis dans le nouveau siège royal. Ne demeuraient sur place que les pagodes et monastères (quand ils étaient en brique !) qui étaient évidemment intransportables. C'est ainsi qu'Ava, qui avait été élue capitale par des chefs shan après la chute de Pagan aux mains des Mongols en 1287, fut pillée par d'autres tribus des Shan en 1527 et reconquise vers la fin du XVIe siècle. Jusque-là, à part quelques petites pagodes, rien ne la distinguait des autres gros villages de la région, sinon peut-être le palais en bois du roi. Nobles et courtisans vivaient, comme les autres sujets, dans des cabanes en bois et bambou qui, laissées par la suite à l'abandon, ne tardèrent pas à retourner à la jungle. Les pagodes de brique rouge, pour la plupart construites à la fin du XVIIIe et au début du XIXe, qui signalent encore le site, ont perdu leur revêtement de stuc et ne sont plus guère visitées que par des archéologues. Cependant, Ava garde encore des vestiges de ses anciens murs d'enceinte. Les crues du fleuve ont achevé de déliter ce qui pouvait l'être et de transformer le lieu en plaine poussiéreuse parsemée de buissons épineux où se terrent des serpents. L'endroit où se dressait le palais a été défriché et mis en culture. Seuls témoins de sa splendeur passée, quelques rares monastères construits en brique dressent encore leur carcasse, comme le Maha Aung Mye Bonzan...

Sagaing est plus accueillant, ses pagodes repeintes de blanc ponctuant de notes claires le paysage de collines. Les rois n'y firent que de brèves apparitions, et le dernier souverain de la dynastie chinoise des Ming, Gongli, y trouva refuge en 1660. Religieux et nobles rivalisèrent de constructions, souvent grandioses, comme l'incroyable dôme de la pagode de Kaunghmudaw (aussi connue sous le nom de Râjamanichûla), unique en son genre, élevée par la piété royale de Thalun en 1636 pour remercier le Bouddha de lui avoir permis de récupérer sa capitale Ava. Construit à l'imitation d'un stûpa de Ceylan, haut d'une cinquantaine de mètres, il est entouré de 812 piliers supportant des lampes à huile et de 120 petits sanctuaires dédiés aux nat. Son fils fit élever non loin, en 1657, au bord du fleuve une autre pagode blanche, le Ngakatkyi, dont le seul mérite est d'abriter une gigantesque statue du Bouddha assis, périodiquement repeinte et ornée de guirlandes de métal doré. À côté, la Settawya se contente d'imiter un des anciens temples de Pagan. Mais le plus ancien sanctuaire de Sagaing est la pagode inachevée du Tupayon, construite en 1414, dont la triple base ronde percée d'une multitude de niches, s'élève encore à une trentaine de mètres, dominant les alentours, rivalisant avec les collines, enserrant la cité et leurs armées de pagodes blanches.

Amarâpura, où la dignité royale demeura de 1783, date de sa fondation, à 1859 (avec une interruption de 1822 à 1827) fut appelée la « cité immortelle ». Elle dresse encore ses innombrables pagodes entre quelques lacs et le cours tortueux et encombré d'îles de l'Irawady. Un pont en bois de teck datant de 1847 (détruit en 1942, il a été reconstruit depuis) long de plus de mille cinq cents mètres, appelé du nom du ministre U Bein, permet de franchir le lac Thaung Taman, en eau seulement lors des crues du fleuve. Ce pont conduit à un petit temple lui aussi imité des structures de Pagan, où quelques peintures murales décrivent avec une naïveté charmante la vie de la cité et l'arrivée d'étrangers vêtus de jaquettes. Un des plus curieux temples de l'ancienne cité, le Nagayon, petite structure dont le stûpa terminal a été sculpté en forme de tête de dragon au début du XIXe siècle, est toujours très fréquenté par les fidèles et périodiquement blanchi à la chaux par les moines. Mais à part les pagodes de types divers, toujours nombreuses où que l'on se trouve en Birmanie, une ancienne tour de guet qui, peut-être, faisait partie du Palais royal, et les tombes des rois Bodawpaya et Bagyidaw signalent l'emplacement de l'orgueilleuse cité que Bodawpaya décrivait dans une lettre envoyée au vice-roi des Indes comme « la grande et florissante cité, dorée, illuminée et illuminante, le siège de la splendeur d'où la puissance royale dirige et protège l'univers ! ». Cité orgueilleuse peut-être, mais surtout orgueil démesuré d'un roi qui devint fou... Malgré les vicissitudes de l'histoire, Amârapura est restée chère au cœur des Birmans qui y perpétuent l'art (quelque peu affadi, il faut bien le dire) de la sculpture des bouddha en albâtre et celui du tissage des soies « de Mandalay ».

La dernière capitale royale birmane fut Mandalay, fondée sur la rive gauche de l'Irawady, incontournable artère du Myanmar, par le roi Mindon Min en 1857 et qui n'acquit le statut de capitale que trois ans plus tard. La ville fut construite sur un plan européen, en damier, autour du vaste quadrilatère entouré de murs qui abritait le Palais royal. Ce dernier, appelé Fort Dufferin par les Anglais et Nandaw par les Birmans, apporté d'Amarâpura et construit entièrement en bois, ne résista pas aux bombardements de la Seconde Guerre mondiale ; il n'en demeure plus que les murs, hauts de sept mètres, percés de douze portes et doublés de profonds fossés, au-dessus desquels veillent encore, hérons haut perchés, quelques *pyatthat* aux toits dentelés. Lors de leur construction, le pieux roi Mindon Min refusa qu'on sacrifiât dans les fondations, selon une ancienne coutume, des hommes qui devaient en devenir les génies protecteurs, et les fit remplacer par des jarres d'huile. L'édifice central du palais a été en partie reconstruit et transformé en musée. La seule structure qui échappa aux incendies fut le Shwenandaw, un des bâtiments du gynécée qui avait été transporté hors de la ville et converti en couvent. Au nord-est, une colline hérissée de pagodes blanches était censée protéger la demeure royale. Le grand monastère du Kuthodaw s'y élève où 729 pavillons annexes arrangés tout autour d'une pagode imitant la Shwezigon de Pagan, tous revêtus de blanc, abritent les stèles gravées des écritures bouddhiques telles qu'elles furent définies par le cinquième concile bouddhique convoqué par Mindon Min. À côté, et construit en même temps, subsiste le soubassement à arcades en brique et en stuc de l'« incomparable monastère » (Atumashi Kyaung) qui supportait les bâtiments conventuels en bois, et où se déroulèrent de nombreux conclaves bouddhiques.

Les pagodes et monastères sont extrêmement nombreux à Mandalay et dans les environs. Nous ne citerons ici que l'« Arâkan pagoda » ou Payagyi, où fut installée la grande statue du Bouddha arrachée aux Arâkanais, richement dotée par des fidèles de toutes les régions. Elle est entourée de salles à piliers massifs (on en compte 252) recouverts d'or et de morceaux de verroterie, perpétuellement ennuagées des fumées de l'encens et des bougies que les dévots y allument de jour comme de nuit.

Ici aussi les rues résonnent du bruit des métiers à tisser, des marteaux burinant le bronze, des ciseaux taillant l'albâtre, et surtout des maillets qui réduisent l'or en feuilles si fines qu'elles en deviennent transparentes. Deuxième ville du Myanmar pour la population, Mandalay est maintenant une cité qui se modernise rapidement, perpétuellement bruissante d'activités diverses. C'est le véritable cœur du Myanmar, Yangôn n'étant en définitive que son port le plus important et sa capitale administrative.

Mais plus que Mandalay, ce sont les environs immédiats qui attirent l'attention, notamment dans le bourg de Mingun, à quelques dix kilomètres sur la rive droite de l'Irawady, où le roi fou Bodawpaya imagina, en 1790, de construire la plus grande pagode du monde, qui devait s'élever à quelque 160 mètres de hauteur. Une prédiction faisant état de la ruine du pays si l'édifice était terminé, le roi abandonna son projet au bout de sept années de travaux. Seuls les terrasses et le premier étage avaient été achevés, qui avaient nécessité l'emploi de plus de cent millions de briques de grandes dimensions. La structure actuelle, Mantalagyi, qui représente une masse impressionnante de plus de cinquante mètres de hauteur, fut fâcheusement lézardée lors du tremblement de terre de 1838. Un petit modèle de ce que devait être cette pagode une fois terminée, haut de cinq mètres, se dresse au bord du fleuve, témoin d'un rêve insensé. Il est probable d'ailleurs que cette masse de briques n'aurait guère pu supporter le poids énorme d'une pagode terminale haute de plus de cent mètres, et se serait écrasée ! Face à l'entrée orientale de ce tas informe de briques, se dressent encore les effigies ruinées de deux dragons (*chinthe*) qui avaient une hauteur primitive de trente mètres et possédaient des yeux de marbre. Tout près, on peut voir une des plus grandes cloches du monde, fondue en 1735 et pesant 170 tonnes, destinée primitivement à la grande pagode : abritée par un auvent, elle demeure suspendue à une poutre d'acier à cinquante centimètres au-dessus du sol.

Le gigantisme, qui avait déjà été en vogue à l'époque de Pagan, hantait les souverains, chacun d'eux tentant, lorsque les hasards de l'histoire le lui permettaient, de surpasser les autres, ce qui, en définitive, bien que fournissant du travail à des milliers d'artisans, ruina le pays et contribua au déboisement de toute la Birmanie centrale. À Mingun se dresse, malgré tout, une délicieuse petite pagode qui, bien qu'endommagée en 1838 et réparée par Mindon en 1874, demeure un des joyaux de l'architecture birmane du début du XIXe siècle : la Myatheindaw, érigée en 1816 par le roi Bagyidaw en mémoire de sa première femme, Shinbyume. Elle symbolise le mont Meru de la cosmogonie indienne, et est entourée de sept terrasses concentriques aux rambardes ondulées figurant des serpents, dont l'entrée est constituée par une rangée de pavillons ascendants formant une sorte d'escalier couvert.

De toutes ces capitales, plus important que les monuments, demeure l'esprit des hommes qui y vécurent, y travaillèrent et se battirent pour leur liberté. Les monastères sont remis à neuf, de nouvelles pagodes érigées et les Myanma continuent d'œuvrer en souriant afin que leur pays devienne réellement un paradis bouddhique, le Pyidawtha, un « pays heureux ». L'espoir permet de vivre en dépit des difficultés, au Myanmar comme ailleurs.

Ava. Statue d'un chinthe,
chimère birmane protectrice des sanctuaires.

99 - Amarapura. Chapelles d'un monastère construit en 1820.

100 - Amarapura. Vestiges de l'ancien Palais royal.

101 - Amarapura. Personnage fabuleux décorant la base du Pahtodawgyi, construit en 1820.

102 - Amarapura. Stûpa en « nid d'abeilles ».

103 - Amarapura.
Pont du ministre
U Bein (fin XVIIIe siècle)
en bois de teck.

104 - 105 - Amarapura.
Sur le pont d'U Bein.

106 - *Sagaing.*
Vue des monastères par delà l'Irawady (Ayeyarwady).

107 - *Sagaing.*
Onhim Thonze.
La colonnade des « trente grottes » ornées de statues du Bouddha (XVIIIe siècle)

106

107 ▶

108 - *Sagaing. Monastère sur la colline.*

109 - *Ava. Stûpa commémoratifs.*

109

◀ 108

110

110 - Mandalay. *Shwe In Bin. Monastère construit en* 1825. *Bouddha principal.*

111 - *Ava. La cour du monastère* Bagaya-*kyaung.*

112 - *Mandalay. Monastère du Shwemawdaw* (XIXe *siècle*). *Décor en bois de teck.*

124

124 - Mandalay. Monastère de Shwe In Bin.

125 - Mingun. Ruines de la grande pagode inachevée du roi Bodawpaya (1790-1819).

125 ▶

126 - *Mingun.*
Grande cloche,
pesant 90 tonnes,
fondue en 1808.

127 - *Mingun.*
Entrée de la grande
pagode inachevée,
lézardée par
un tremblement
de terre en 1830.

LE MYANMAR DES DIVERSITÉS

Si tu appelles les habitants Birmans
Peut-être en seront-ils mécontents.
Car souvent Shan *ou* Chin
Karen *ou* Kachin
*Ou d'*Arâkan *ils sont.*
Poète contemporain.

Contrairement à ce qu'on pourrait croire, le Myanmar n'a pas une population homogène, bien que les deux tiers des habitants soient birmans d'origine. Car tout autour de la grande plaine centrale, birmane par excellence, vivent de très nombreuses ethnies qui parlent des langues différentes et ont des coutumes, des manières de vivre et des vêtements caractéristiques. Cependant, la répartition de ces ethnies n'est pas toujours bien délimitée, et nombre de leurs ressortissants se trouvent disséminés parmi la population birmane, phénomène qui tend à une certaine unification. Malgré tout, elles conservent la majorité dans des zones bien déterminées et se sont souvent opposé aux diktats du gouvernement central. L'assimilation de ces ethnies par les Birmans se fait néanmoins très progressivement et donne encore lieu à des résistances, parfois armées.

Une mosaïque d'ethnies

Pour simplifier, on trouve des Kachin (aussi appelés Jingpaw et Kakhyen) dans l'extrême nord du pays et la haute vallée de l'Irawady, à la frontière de la Chine, autour de Myitkina et de Bhamo. Les Nâga peuplent la région frontalière avec l'Assam indien, les Chin sont divisés en une soixantaine de tribus disséminées dans les collines et les jungles bordant à l'ouest le cours du Chindwîn, à la frontière de l'Assam et du Manipur indiens, les Arâkanais mélangés d'Indiens musulmans se trouvent en Arâkan sur la baie du Bengale. Au nord-est il y a les Wa, également sur la frontière avec la Chine, puis à l'ouest les Kaw qui débordent sur le Laos. Près de la Thaïlande vivent les Shan qui constituent l'ethnie la plus importante, les Kayah, les Padaung, les Palaung, les Lisaw et, dans la région de la basse Salwîn et de Pegû, les Karen qui occupent l'ancien pays môn et qui maintenant peuplent une grande partie du delta de l'Irawady, diverses tribus de pêcheurs surtout, comme les Moken, ces « nomades de la mer » des îles Mergui bordant le Tenasserim, enfin les Birmans qui, majoritaires dans la grande plaine, ont progressivement étendu leur influence sur les régions marginales, et notamment sur le plateau des Shan.

Les Chin étaient et sont d'ailleurs encore divisés en un grand nombre de tribus, parmi lesquelles les Haka, les Kuki, les Lakher et Lushai qui, autrefois, se faisaient une guerre incessante. Pour la plupart agriculteurs, ils pratiquent des cultes animistes divers et sacrifient des bœufs (*mithan*) aux esprits du sol. Vivant dans les montagnes en gros villages de plusieurs centaines de huttes, ils ne furent pacifiés qu'en 1889 et quelque peu christianisés. Mais ils ne subirent que très peu l'influence birmane.

Les Kachin exploitent le jade de leurs montagnes. Leurs tribus parlent un grand nombre de langues telles l'Atsi, le Nung, le Lisu ou le Maru qui, bien qu'appartenant au même groupe linguistique tibéto-birman, sont très différentes les unes des autres. Bien que le territoire qui leur fut assigné bénéficiât d'un statut de semi-autonomie, ils s'assimilent progressivement aux populations qui les entourent, notamment aux Shan et aux Birmans.

Les Karen ou Kayin sont également divisés en nombreuses tribus, relativement disparates et ne constituent pas une unité ethnique véritable. On les groupe généralement sous les désignations de « Karen blancs » et de « Karen rouges » (ces derniers comprenant le groupe des Padaung) d'après la couleur dominante des vêtements de leurs femmes. Ils se distinguent cependant des Taungthu ou « hommes des collines ». On s'accorde à penser qu'une certaine partie des Pwo-Karen sont d'origine môn. Ils sont généralement bouddhistes, mais comptent dans leurs rangs une importante proportion de chrétiens et de fidèles de cultes syncrétiques prêchés par des sortes de « prophètes » plus ou moins animistes. Leur langue, qui comprend de nombreux dialectes, semble plus proche de celle des Thai que du birman, et comporte de deux à six tons. Les Sgaw et Pwo possèdent une écriture propre, imitée de celle des Birmans, inventée par les missionnaires au siècle dernier. Répandus dans l'État de Kayah et toutes les plaines du Sud du pays, ils furent longtemps de farouches opposants à la domination birmane.

Les Shan, d'origine et de langage thai, vivent principalement dans les vallées qui parsèment le plateau des Shan. Ils étaient traditionnellement organisés en chefferies indépendantes ayant à leur tête une sorte de roitelet absolu, le Sawbwa, assisté d'un ministre, l'Amat. Elles furent fédérées en un État par la constitution de 1948. Ils comptent dans leurs rang les Wa, de civilisation encore très primitive. Les Shan sont des cultivateurs de riz, de blé et de légumes, presque tous de confession bouddhique. Leur langue, proche du thai, possède cinq tons, et fut fortement influencée par la langue birmane, leur écriture étant dérivée de celle-ci. Bien que constituant la seconde ethnie du Myanmar, de nombreux Shan ont émigré dans les autres États et se sont mêlés à la population. Ils ont une longue histoire qui remonte à la fin du XIIIe siècle, alors qu'ils remplacèrent à Pagan les rois birmans.

Parmi les peuples shan, il faut cependant distinguer les Palaung, qui parlent des langues môn-khmer. Ce sont des peuples des montagnes, comprenant plusieurs tribus qui cultivent principalement les théiers et vivent en symbiose avec les véritables Shan des vallées.

Les types physiques diffèrent assez peu selon les ethnies, la plupart étant de même origine, les confins du Yunnan et l'est du Tibet. Si les Birmans arrivèrent très tôt dans la grande plaine, les Shan (ou Thai) ne descendirent du Nord que vers la fin du XIIIe siècle et d'autres tribus, comme les Ekaw et les Lahu, ne s'installèrent dans le nord du plateau des Shan qu'au XVIIIe siècle. Les Kachin continuèrent d'arriver du Nord jusqu'à la fin du XIXe siècle. Il y eut également des métissages entre les Indiens « importés » par les Britanniques au XIXe siècle et les diverses ethnies du Myanmar, entre ces dernières et des ressortissants européens, anglais, français, portugais à diverses époques. Les descendants des Indiens, appelés Kala (« étrangers ») par les Birmans, relativement nombreux dans le delta de l'Irawady, à Mandalay et à Yangôn, se distinguent de la masse de la population par leur pigmentation foncée et leur système pileux plus abondant. Dans l'extrême nord, on compte également de nombreux Chinois, d'implantation ancienne, ou récente comme les descendants des soldats du Guomindang qui sont demeurés sur place et y ont fait souche. Mais en général, la population du Myanmar montre plus de traits communs que de différences : de type mongoloïde, les hommes, de stature moyenne et de teint clair, sont souvent imberbes.

Bien que la langue nationale soit le birman, on compte, étant donné la diversité des ethnies qui se partagent le territoire du Myanmar, plus de 126 langues réparties en onze groupes linguistiques. La plupart appartiennent cependant au groupe tibéto-birman ou sino-birman. Les Shan parlent une langue apparentée à celle des Thai, les Karen des idiomes comprenant au moins deux dialectes, ceux des Sgaw et des Pwo. Ce sont généralement des langues monosyllabiques polytonales, qui paraissent de ce fait plus chantées que parlées. Mais c'est, ici comme partout en Asie, souvent l'anglais qui sert de *lingua franca*. L'écriture birmane (les autres ethnies ne possèdent pas d'écriture particulière), dérive de celle qui fut apportée par les Môn de Basse-Birmanie. Elle est dérivée des écritures tamil et pâli du Sud de l'Inde, et comprend trente-deux consonnes et dix syllabes. Elle est relativement difficile à lire pour un Occidental, la plupart des chiffres et des lettres affectant des formes arrondies semblant fort peu différentes les unes des autres.

La littérature et les usages

La plus ancienne inscription sur pierre, en quatre langues, môn, pyû, pâli et birman, la stèle de Miyazedi à Pagan, remonte à 1113. Mais en dehors des textes gravés sur pierre, émanant de souverains, existaient de nombreux textes écrits ou gravés sur des feuilles de latanier par des moines ou des princesses lettrées férues de poésie. On distingue parmi ces textes anciens des *e-gyin* ou ballades à prétention historique, des odes panégyriques telles que les *mawgun* et divers types de poèmes, généralement d'inspiration bouddhique, appartenant aux genres *pyo*, *linga* ou *yadu*, ainsi que des pièces comiques, les *yagan* et des lettres (*myit-taza*). Parmi les poètes les plus importants dont quelques-unes des œuvres nous sont parvenues, il faut retenir les noms de Rathathara et Uttamagyo (XVe siècle), de Nawade (vers 1545-1600), de Thilawuntha (début XVIe siècle), de Padethayaza (vers 1684-1754), de Letwethondara (fin XVIIIe siècle), et d'U Sa (1766-1853) pour ne citer que ceux-là. Cependant, il a également existé une abondante littérature juridico-religieuse, comme les *Dhammathat*, généralement écrits en pâli, la langue religieuse des bouddhistes des écoles du Sud, principalement le *Wareru Dhammathat*, le premier code de lois, que le moine Buddhaghosa traduisit en birman, quelques chroniques historico-légendaire, comme celle du « Palais de cristal » (*Hmannan-yazawîn*), une histoire des rois jusqu'en 1742, composée sur ordre royal en 1829 par quelques moines érudits qui se servirent d'inscriptions royales et des chroniques et légendes orales, et les *pyatton*, recueils de règles édictées par Alaunsithu et quelques autres souverains. La poésie populaire, féconde, restait cependant presque uniquement orale, ainsi que les textes des divers pwe. Avec l'apparition de l'imprimerie en 1875, se développa une littérature populaire de livrets de théâtre, puis de romans (*wuthtu*). Ce dernier genre reçut ses lettres de noblesse avec les œuvres de Theinpe en 1936 et de Min Aung en 1948, et on assista alors à une renaissance de la littérature birmane, grâce à l'impulsion que lui donna U Nu, lui-même auteur de nombreux ouvrages. Les lecteurs potentiels sont nombreux, la population lettrée, c'est-à-dire sachant lire et écrire, dépassant 80 %. Mais il est vrai que, sortis des écoles, monastiques ou gouvernementales, peu de Myanma s'adonnent à la lecture, sauf à celle des journaux.

Si le bouddhisme a conquis la plus grande majorité de la population, il demeure encore au Myanmar de nombreuses religions et croyances très différentes. Les Karen sont en grande partie christianisés, les Chin et les Kachin sont animistes, de même que les Nâga des confins de l'Assam indien (quoique certains aient été récemment hindouisés). L'islam est commun parmi les populations du Nord de l'Arâkan, et cela depuis le XIVe siècle au moins. En dehors de toutes les confessions « officielles », il existe une infinité de croyances, la plus commune concernant, en dehors de celle en l'influence continuelle des nat, celle des astres sur la destinée des individus. Les astrologues ont donc toujours bénéficié d'un grand prestige, tant à la cour des rois que dans le peuple. C'est pourquoi, par exemple, l'acte d'indépendance, qui devait être signé le 6 janvier 1948, le fut deux jours avant, à 4 heures 20 du matin, les astrologues ayant décrété que la date prévue n'était pas favorable...

En dehors de la littérature birmane proprement dite, les diverses ethnies qui composent la population du Myanmar n'eurent qu'une tradition orale.

Les gens du Myanmar ont une manière particulière de s'adresser, et l'on s'étonne parfois de la multiplicité des U, Maung et autres Thakin qui sont accolés à leur patronyme. Il faut savoir que U (« oncle ») est un titre donné aux personnes d'une certaine distinction, Ko est celui qui désigne un fils aîné, Maung un fils cadet, que Daw (« tante ») est caractéristique des femmes (les demoiselles sont appelées Ma-hla), que Thakin équivaut au titre de « maître », enfin que Bo indique une certaine responsabilité, alors que Saya est utilisé pour s'adresser à un patron ou à un professeur. Les femmes mariées, qui jouissent de droits équivalents à ceux des hommes, conservent leur nom de jeune fille, et les enfants ont un nom généralement distinct de ceux de leurs parents. De nombreux Myanma possèdent au moins deux noms, le leur et un sobriquet, et peuvent en changer à leur guise, ce qui ne facilite guère les relations avec les étrangers peu familiarisés avec ces différences. Cependant, ces termes de politesse varient selon les ethnies.

Ce qui distingue également souvent les individus les uns des autres, ce sont les tatouages en couleur dont ils ornent diverses parties de leur corps, soit simplement pour faire joli, soit dans un but prophylactique : tel animal représenté sera censé donner force et courage, tel symbole donnera du charme, tel autre protégera contre les maladies ou aura la réputation de rendre invincible, etc. Le tatouage, dont la mode semble provenir de la coutume shan de se décorer entièrement le corps en signe de virilité, bien qu'en voie de disparition, est encore pratiqué par une bonne partie de la population birmane mâle.

Les Myanma sont extrêmement soucieux de leur santé et prennent plusieurs bains froids par jour. Ils utilisent plus volontiers des savons à base végétale plutôt que des savons ordinaires. Les femmes et les enfants surtout s'oignent de jour comme de nuit d'une sorte de pâte légère blanchâtre faite à base d'écorce de thanaka (*Linoria acidissima*) qui aurait des proprié-

tés légèrement astringentes et éviterait les piqûres d'insectes.

Brique, bois et feuilles de palmier

Dans les campagnes il est rare que les particuliers se fassent construire des maisons en brique, ce matériau peu périssable étant réservé aux pagodes, aux grands monastères et aux bâtiments officiels. La maison birmane traditionnelle est en bois et feuilles de palmier tressées pour les murs et le toit, et est montée sur pilotis. Bien qu'elle ne soit guère durable, elle est facilement reconstruite et ne nécessite aucun investissement, les matériaux étant tous empruntés à la nature. Les monastères, plus riches, utilisent plus souvent du bois en grande quantité, pour les structures comme pour les décors. Hélas, la tôle ondulée fait encore ici ses ravages. Le paysan vit plus souvent au-dehors qu'à l'intérieur. Il dort la nuit au premier étage, les animaux étant parqués entre les pilotis, avec les instruments agricoles et le métier à tisser.

L'alimentation du paysan est généralement frugale, consistant le plus souvent en riz accompagné de quelques légumes et d'une sauce particulière à cette partie du monde, le *ngapi*, pâte fermentée de poisson, à l'odeur tenace. Cependant, le plat le plus apprécié consiste en nouilles (*kowkswe*) préparées de très nombreuses manières et toujours fortement pimentées. D'autres mets sont réservés aux plus aisés, curries, hachis de viande de porc ou de poulet, beignets divers, que l'on mange en buvant surtout du thé vert. Car les Myanma, bien que bouddhistes et répugnant de ce fait à tuer des animaux, sont loin d'être purement végétariens : ils se font pardonner ces dérogations à la loi bouddhique en faisant des offrandes à la pagode. Les baguettes sont ici inconnues et une simple cuiller en fait office.

Quand il ne travaille pas, ne mange pas ou ne dort pas, le Myanma s'adonne au jeu, à toutes les sortes de jeux possibles et imaginables, depuis les cartes et les dés jusqu'au mah-jong chinois. Mais, ce qui excite au plus haut point la plupart d'entre eux ce sont les combats de coqs pour lesquels ils se ruinent parfois. Ce qui ne les différencie pas en cela de la plupart des habitants des autres pays de l'Asie du Sud-Est. Un sport très populaire est le *chinlôn*, qui consiste à maintenir le plus longtemps possible en l'air une balle de rotin tressé, sans jamais utiliser les mains ni lui permettre de toucher le sol. Mais les matches de football et les combats de boxe (*let-hwei*) à la manière thai sont également très suivis. Le golf et les courses de chevaux sont réservés aux nantis...

Les sites " extérieurs "

En dehors des grands centres historiques, le Myanmar possède, dans les montagnes qui enserrent sa grande plaine centrale, des sites remarquables, parfois difficilement accessibles. L'État Shan est à ce titre très caractéristique, étant constitué de nombreuses vallées où chaque tribu se différencie des autres par ses costumes (bien que, de plus en plus, le longyi birman ou les oripeaux occidentaux aient tendance à remplacer les vêtements traditionnels), par ses traditions et parfois par ses tatouages corporels protecteurs.

Une des grandes curiosités de l'Est birman, en pays shan, est l'ensemble des grottes de Pindaya, situées près de Kalaw à une altitude de 1 400 mètres, et qui abritent des milliers de sculptures du Bouddha, en bois et en pierre, la plupart revêtues de dorures, dons de pieux pèlerins. Un peu plus loin dans le Nord, mais toujours en pays shan, non loin de l'ancienne capitale de Taungyi, domaine des Paw dont les femmes arborent un magnifique turban et une veste noir et rouge, le lac Inle reflète les sommets avoisinants. Ce lac magnifique, dont la superficie varie en fonction des saisons, est parsemé d'îles flottantes aménagées en jardins par les habitants (appelés Intha) qui, dit-on, se seraient réfugiés là pour fuir les guerres entre les Birmans et les Siamois. Ils sillonnent sans cesse les eaux entre les îlots, dans de longues barques qu'ils dirigent en se servant d'une seule jambe afin d'avoir les mains libres pour jeter leurs éperviers. Les jours de fête, ils se rendent sur la terre ferme pour prier dans l'une des nombreuses pagodes qui bordent le lac, ou bien aller vendre leurs légumes et leurs fleurs au grand marché de Yawma.

En poursuivant notre quête de pittoresque (dans le sens où les scènes ainsi qualifiées sont dignes d'être peintes), nous arrivons à Loikaw, la capitale de l'État Kayah où, les jours de marché les femmes des Padaung descendent de la montagne. Celles-ci suivent une coutume étrange : dès qu'elles ont atteint l'âge de cinq ans, on leur entoure le cou de spires de cuivre et, les années suivantes, on ajoute d'autres spirales, ce qui a pour effet de leur allonger tellement le cou (jusqu'à plus de vingt centimètres parfois) qu'on les a surnommées « femmes-girafes ». Cette opération est faite par des sortes de femmes-sorcières. Mais selon la fortune de la famille, les femmes s'entourent également bras et jambes de ces anneaux de métal, en nombre chaque année plus grand. Ainsi bardées de cuivre étincelant, elles ressemblent à des automates à tête humaine. À part le fait que la hauteur du cou et le nombre d'anneaux qu'elles portent sont un signe évident de richesse, on ignore l'origine de cette coutume : les uns affirment que c'était pour empêcher les tigres de les attaquer, les autres que c'était pour prévenir leur infidélité. En effet, leur mari aurait eu le droit, dans ce cas, de leur enlever les anneaux : leur tête n'étant plus soutenue, les femmes risquaient alors de mourir par étouffement. Mais le plus étonnant est que ces femmes ainsi harnachés n'en vaquent pas moins aux travaux ménagers et des champs.

D'autres tribus des Kayah, vivant dans la même région, au lieu de se mettre un carcan de cuivre, préfèrent imiter les éléphants en entourant leurs genoux de tissu recouvert de nombreuses couches de laque, ce qui les oblige à marcher les jambes écartées. Plus au nord encore, les femmes des Kaw portent des coiffures compliquées ornées de boules de cuivre et de pendeloques en argent et en verre, alors que les hommes préfèrent arborer avec fierté un sabre (*dah*) passé dans la ceinture de leur tablier bleu. Tous fument encore l'opium qu'ils cultivent sur les hauteurs, car nous touchons ici au fameux triangle d'or de la drogue.

Ces coutumes étranges sont malgré tout en voie de disparition avec la pénétration de l'éducation et du progrès. Du point de vue de l'ethnographie, on peut le regretter, mais par ailleurs, il est souhaitable que les plus contraignantes d'entre elles disparaissent.

À l'embouchure du fleuve Salwîn, mais à quelque 45 kilomètres de la mer, se trouve le port de Moulmein (maintenant appelé Mawalamyine), créé en 1827 par les Britanniques et qui rivalisait alors avec Yangôn. Tout autour dans les collines se trouvent des grottes naturelles, certaines immenses, comme celle de Kawgun d'où, à la tombée du soir, s'échappent en nuages des milliers de chauves-souris dans un bourdonnement d'avion à hélices, ou encore celles de Hpayon, également habitées par des chauves-souris, mais ornées de milliers de statues du Bouddha qui peuplent l'espace entre les stalagmites.

Plus au sud sur la côte de la péninsule malaise, dans le Tenasserim, vivent côte à côte sans se mélanger deux tribus particulières, les Salôn, des pêcheurs qui exploitent le corail des îles Mergui et fabriquent le *ngapi* qu'ils exportent dans tout le pays, et les Moken qui, toute l'année vivent sur leurs pirogues, et pêchent des holothuries qu'ils échangent aux Chinois contre du riz et autres denrées de première nécessité.

Les collines et montagnes de l'extrême nord du Myanmar étant peu accessibles, le voyageur inspiré s'arrêtera, en partant de Mandalay, à Maymyo, à Bhamo ou à Myitkina, peut-être à Lashio d'où partait la célèbre « route de Birmanie », toutes cités situées à peu de distance de la frontière chinoise et où se côtoient Chinois, Indiens, Chin, Kachin, Shan et même des Birmans, le climat y étant fort agréable. Mais les lieux sont innombrables au Myanmar qui nécessiteraient des pages et des pages pour les décrire tous. On est en tout cas assuré d'y trouver partout les pagodes blanches qui, au bord des rivières comme au sommet des montagnes, signalent à tous que l'on est en pays bouddhique. Citons simplement, à titre d'exemple, le monastère de Thanbokede qui réunirait à lui seul, à seulement 115 kilomètres de Mandalay, 582 357 pagodes grandes et petites, et quelque 800 temples, témoignant de siècles de piété...

130 - Lac Inle.
Maraîcher actionnant sa barque avec une jambe, particularité des pêcheurs de ce lac.

131 - Lac Inle

132 - Lac Inle.
Marché flottant
de Ywama.

135

133 - Lac Inle. Marché flottant de Ywama.

134 - Pindaya. Chemin d'accès aux grottes.

135 - Pindaya. Statues du Bouddha ornées d'étoffes.

136 - Pindaya. Statues du Bouddha déposées dans les grottes par les fidèles.

137 - Pindaya. Le lac.

Les Padaungs, ethnie caractéristique de l'État Kayah situé entre celui des Shan et celui des Karen, à la frontière de la Thaïlande, sont devenus célèbres en raison de la curieuse coutume qu'ont leurs femmes de cercler cou, bras et jambes d'anneaux de métal, de ce fait appelées "femmes girafes", tradition qui tend d'ailleurs à disparaître rapidement.
Ce ne sont pas les seuls peuples du Myanmar à posséder des usages hérités du passé. Mais, les coutumes et particularités des diverses ethnies de ce pays sont en voie de disparition, et il est à craindre que, d'ici quelques années, on n'en trouve plus trace. Il en est de même de la vie traditionnelle qui fait tout le charme du pays, de la quiétude des mœurs de ses habitants, de leur piété, de leur sourire.
Le Myanmar de l'an 2000 réussira-t-il à garder l'essentiel de ce qui fait son charme d'aujourd'hui et à échapper à l'uniformisation des cultures, des architectures et des modes de vie ?
On ne peut que l'espérer, sans trop y croire...

PRINCIPAUX MONUMENTS

Le Myanmar regorge de monuments tous plus ou moins caractéristiques d'un art ou d'une période de son histoire, mais tous en relation avec le bouddhisme des écoles du Sud. Ce furent principalement les anciennes capitales qui bénéficièrent ainsi de la générosité et de la foi de leurs souverains, Yangôn (Rangoon), Hmawza (Prome), Bago (Pegu) dans le sud et celles d'Ava, d'Amarapura, de Sagaing, de Mandalay dans le nord. Ces monuments étant extrêmement nombreux, nous ne présenterons ici que quelques-uns des plus remarquables pour leur architecture et leur signification religieuse.

YANGÔN

La Pagode Sule (Paya Sule)

Sise au centre même de la vieille ville de Yangôn, la Paya Sule, aussi appelée Kyaik Athok, est une des plus anciennes pagodes du pays. Sa structure ayant maintes fois été restaurée, on ignore sa date de fondation, qui pourrait se situer vers les Ve-VIIe siècles de notre ère. La légende assure qu'elle renferme un cheveu du Bouddha. Cette paya conserve des traits typiques de l'architecture ancienne des Môn, dont le plus ancien exemple nous est fourni par la base de la pagode Htisaung à Zokhetok près de Moulmein. Elle est en effet entièrement construite sur un plan octogonal, qui se poursuit jusqu'à son faîte, chacune de ses faces symbolisant peut-être un des " Huit nobles sentiers " de la philosophie bouddhique. Comme à l'habitude, elle est entourée de nombreuses petites paya ou stûpa, toutes également dorées à la feuille, et de pavillons à toits superposés en pyatthat.

PAGAN, MYINPAGAN

Le Nanpaya

Ce petit temple d'architecture mône, construit vers 1050, en brique et mortier surfacés avec de la pierre, aurait été la résidence de Manuha, le roi de Thatön vaincu par le roi Anawrâha. Il comporte également un porche en projection à l'est. Les quatre piliers massifs du centre de la structure sont décorés en bas-relief d'image du dieu hindou Brahmâ tenant une fleur de lotus dans chaque main, preuve incontestable d'un certain syncrétisme hindo-bouddhique.

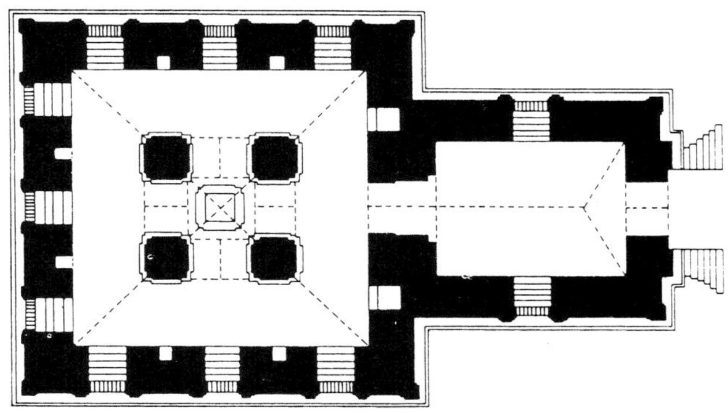

PAGAN, NYAUNG-U

Le Shwezigon

Prototype de la plupart des paya et zedi du Myanmar, le Shwezigon fut élevé par le roi Anawrâtha vers la fin de son règne et terminé par Kyanzittha (1084-1112). Celui-ci fit entourer la base de la pagode d'une série de bas-reliefs en terre cuite émaillée illustrant des épisodes des Jâtaka. Deux piliers inscrit sur leurs quatre faces en écriture mône, et encadrant l'escalier est, relatent l'histoire de la pagode. Les images des 37 Nat se trouvent dans un pavillon situé au nord-est.

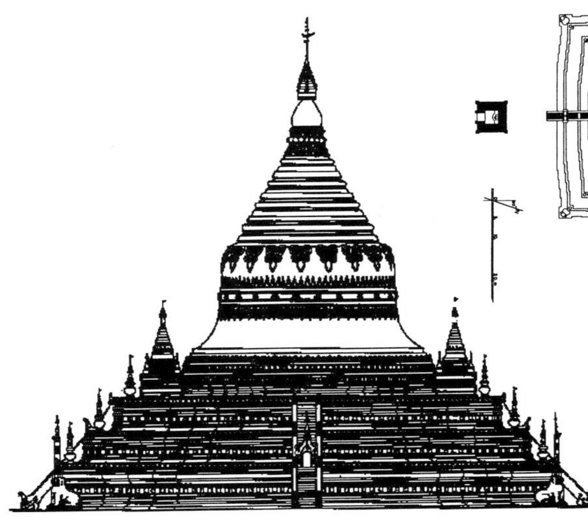

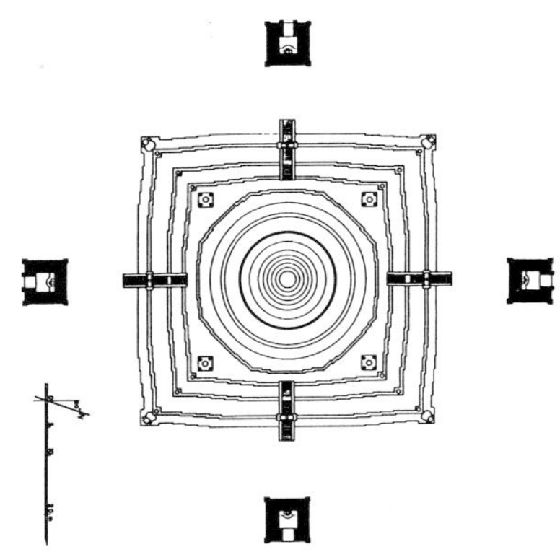

115

115 - Mandalay. *Les murs de l'ancien palais* (XIXe *siècle*) *et une des tours de guet* (*pyatthat*).

116 - Mandalay. *Kuthodaw* (1857). *Vue des pavillons abritant les 729 dalles inscrites du canon bouddhique*

119 - Ba
sur l'Irawa

120 - *Flottage des bambous sur l'Irawady.*

121 - Mandalay.
Arâkan Pagoda
(Mahamuni, 1784).
Une statue khmer
en bronze,
datant du XIIe *siècle,*
butin de guerre.

122 - Mandalay.
Arâkan pagoda.
Lion khmer enlevé
aux Arâkanais.

123

123 - Mandalay. *Shwe In Bin (1895). Décor de bois de teck du monastère.*

113 - Mandalay.
Shwemawdaw.
Une porte intérieure.
Bois sculpté et doré.

114 - *Mandalay.*
Monastère Atumashi
(1857).
Cour intérieure.

PAGAN (BAGAN)

Le Thatbyinnyu

Ce grand temple " de l'Omniscience " du Bouddha, fut construit en 1144 par le roi Alaungsithu, successeur de Kyanzittha. C'est le plus élevé des monuments de Pagan, culminant à une hauteur de quelque 65 mètres. De plan presque similaire à celui de l'Ânanda, il en diffère cependant par la présence d'un seul porche avancé (à l'est) et d'une double structure, l'une massive, à trois étages, formant soubassement, et qui servait de logement aux moines, l'autre, plus légère (deux étages) abritant la bibliothèque et la chapelle principale où trône l'image du Bouddha. Il combine ainsi un temple et un monastère.

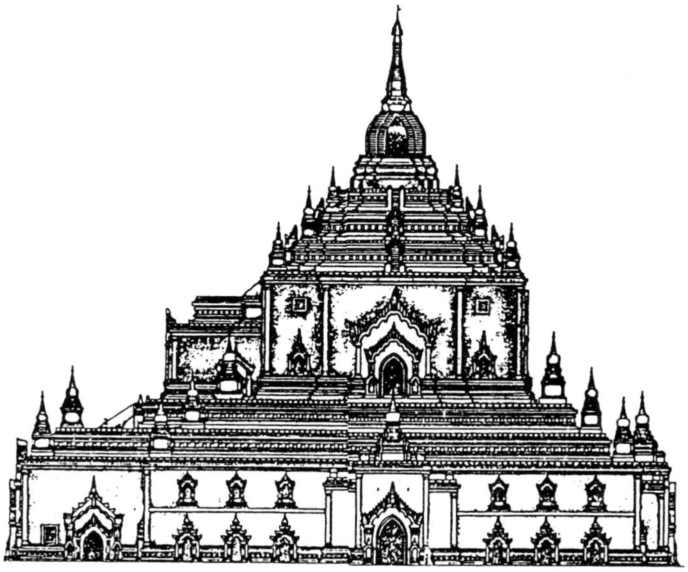

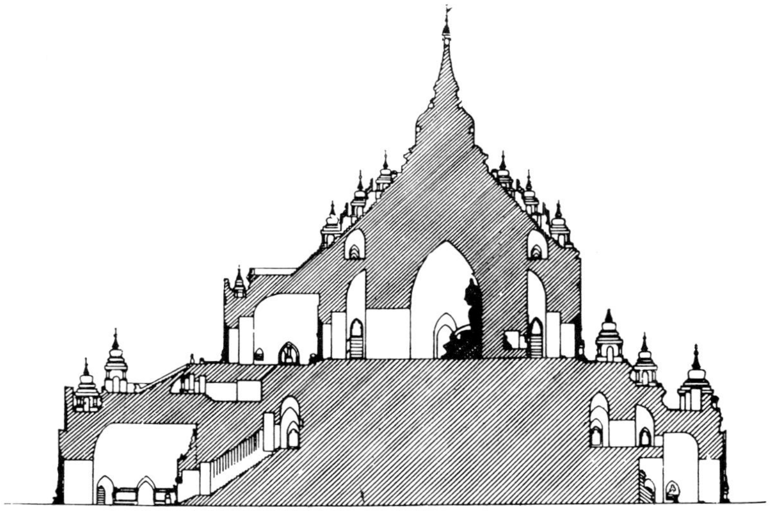

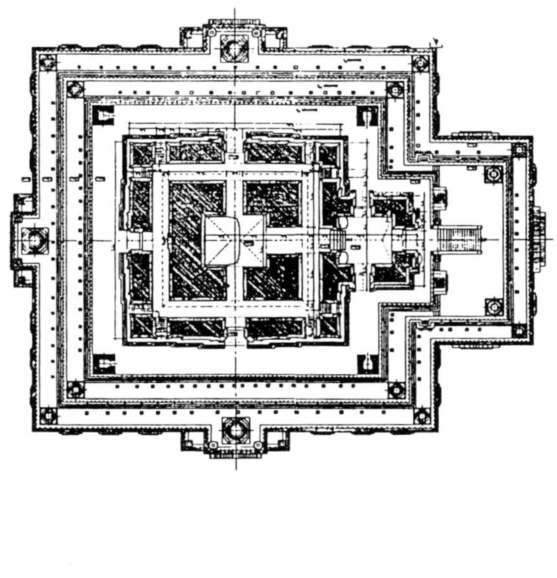

PAGAN (BAGAN)

L'Upâli Thein

Grande salle d'ordination des moines, faisant face au temple de Htilominlo, nommé ainsi d'après le primat de Pagan, Upâli, qui vécut sous le règne de Kyazwa (1234-1250). De plan rectangulaire, cette salle est entourée de murs en brique et son toit imite probablement celui, alors en bois, des palais de l'époque. Ses murs intérieurs sont décorés de peintures brillantes exécutées à la fin du XVIIe ou au début du XVIIIe siècle. À une extrémité de la salle se trouve une statue du Bouddha sur un haut piédestal.

La Mingalazedi

Grande pagode à corps plein construite sous le règne du roi Narathihapate en 1284. Il s'agit d'un des derniers monuments de Pagan, car les Mongols sont arrivés en 1287. Ses terrasses sont magnifiquement décorées de plaques de terre cuite vernissée, inscrites de légendes en écriture birmane. Son style est quelque peu similaire à celui du Shwezigon, mais elle est de dimensions plus réduites. Ses cinq terrasses carrées supportent des pagodons (stûpikâ) à leurs angles, ceux de la dernière terrasse étant plus importants que les autres.

PAGAN, PWAZAW

La Dhammayazika

Cette grande pagode, qui symbolise le Bouddha en tant que " Souverain de Justice ", de style proche de celui du Shwezigon, fut construite par le roi Narapatisithu en 1196. Elle possède la particularité de présenter sa triple base, non plus carrée comme à l'ordinaire, mais pentagonale, chacune de ses faces présentant en son milieu une petite chapelle. Ces terrasses sont également décorées de panneaux de terre cuite vernissée illustrant des épisodes des Jâtaka ou vies antérieures du Bouddha.

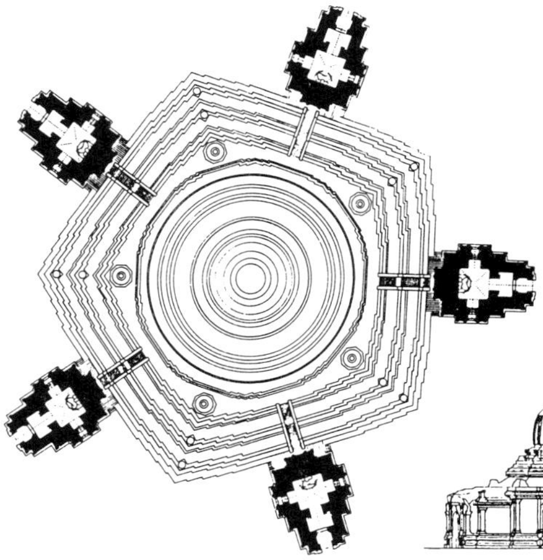

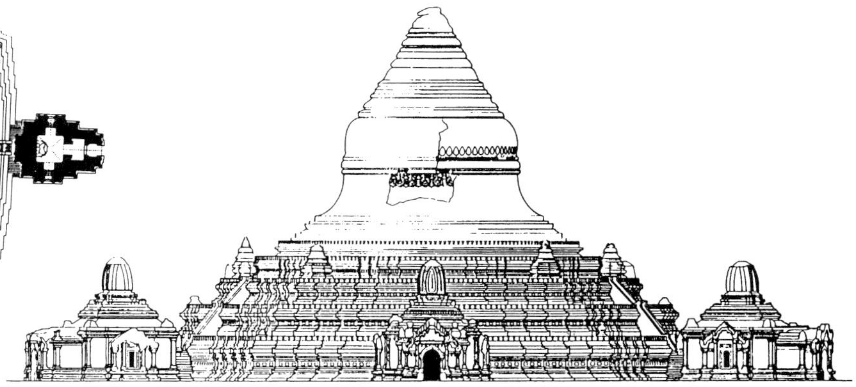

PAGAN

Le temple de la Mahâbodhi

Ce temple, imitation presque parfaite du grand temple bouddhique de la Mahâbodhi de Boddh-gayâ dans le Bihâr en Inde, et seul de ce type au Myanmar, fut construit par le roi Nandaungmya (1210-1234) dans l'enceinte de la cité même de Pagan. Toute la surface extérieure est décorée de niches abritant des statues du Bouddha assis, séparées par des moulures à décor végétal. Sa haute tour aux arêtes rectilignes s'élève sur un soubassement à deux étages. Elle est, comme son modèle indien, précédée d'un porche avancé à l'est.

REPÈRES CHRONOLOGIQUES

IIIe - IXe s.	Civilisation des Pyû
Ier - Xe s.	Les Môn de Thatön (royaume de Dvarâvatî).
X^e - XVIe s.	Môn de Pegû/Bago/Hanthawady
XIIIe - XVIe s.	Royaume des Môn de Basse-Birmanie
	Royaume birman de Taungû
X^e - fin XIIIe s.	Royaume de Pagan/Bagan
1044 - 1077	Anawratha
1077 - 1084	Sawlu
1084 - 1112	Kyanzittha
1112 - 1167	Alaungsithu
1167 - 1170	Narathu
1170 - 1173	Naratheinkha
1173 - 1210	Narapatisithu
1210 - 1234	Htilominlo
1234 - 1250	Kyaswa
1250 - 1254	Uzana
1254 - 1287	Narathihapati
1287	Invasion des Mongols
1287 - 1531	Domination des chefs des Shan
1315 - 1364	Rois de Sagaing
1364 - 1837	Rois d'Ava et d'Amarapura
1435	Nicolo di Conti de Venise visite la Birmanie
1486 - 1573	Rois de Taungû
1531 - 1544	Tabinshweti établit sa capitale à Pegû
1600	Destruction de Pegû par les Arâkanais et les Siamois
1627	Premier comptoir britannique à Syriam
1635	Capitale à Ava
1689	Comptoir français à Syriam
1752	Les Môn détruisent Ava
1752 - 1885	Dynastie d'Alaungpaya
1758 - 1765	Capitale établie à Shwebo
1767	Les Birmans détruisent Ayuthyâ au Siam
1783 - 1819	Bodawpaya (dynastie de Konbaung)
1785	Conquête de l'Arâkan
1819 - 1837	Bagyidaw
1824 - 1826	Les Britanniques en Basse-Birmanie. Première guerre anglo-birmane
1837 - 1846	Tharawady
1846 - 1853	Pagan Min
1852	Deuxième guerre anglo-birmane
1853 - 1878	Mindon Min
1878 - 1885	Thibaw
1885	Troisième guerre anglo-birmane. Occupation totale par les Britanniques
1937	La Birmanie est séparée de l'Empire des Indes
1942	Les Japonais envahissent la Birmanie. Aung San se réfugie au Japon
1943	Les Britanniques chassent les Japonais de Birmanie
1947	Assassinat d'Aung San
1948	Indépendance de la Birmanie, U Nu Premier ministre
1962	Le général Ne Win prend le pouvoir
1973	Le pays prend le nom de « Union birmane »
1988	La Birmanie devient le Myanmar

GLOSSAIRE

A-le - Anciens poids en bronze pour peser l'opium, représentant des animaux.

Apyodaw - Danseuses ouvrant généralement un spectacle de Pwe.

Ari - Secte tantrique du bouddhisme propre au Myanmar aux Xᵉ-XIIIᵉ siècles.

Bama - Nom ancien que se donnait l'ethnie birmane.

Chinlôn - Jeu de balle.

Chinthe - Chimères (léogryphes), en forme de lion, gardiennes des temples.

Chîrût (cheeroot) - Cigare birman.

Dah - Sorte de coupe-coupe servant à tous les usages.

Daw - Terme de politesse désignant une dame.

Dhamma - Mot pâli désignant la doctrine bouddhique.

Eingyi - Sorte de blouse brodée à manches longues portée par les femmes.

Gaung-baung - Chapeau birman porté par les hommes importants. Généralement en soie sur armature légère en bambou ou en rotin.

Gyi - « Grand ».

Hintha - « Oie » birmane sacrée, analogue au *hamsa* indien.

Hta-yei - Boisson faiblement alcoolisée (jus de Toddy) faite à partir de jus de palme.

Hti - Ombrelle.

Htsi - Laque utilisée comme colle.

Kalaga - Étoffes brodées de fils d'or et d'argent, typiques de l'artisanat.

Kala - Étrangers, nom généralement appliqué aux Indiens vivant au Myanmar.

Kammawa - Livres bouddhiques écrits sur de longues bandes en feuilles de latanier, généralement enduites de laque.

Khowswe - Plat de nouilles très populaire.

Kyat - Unité monétaire du Myanmar.

Kyaung - Monastère bouddhique.

Let-hwei - Style de boxe birmane.

Longyi - Jupe constituant le costume principal des hommes comme des femmes.

Mohinga - Soupe de poisson.

Myanma - Nom donné aux habitants du Myanmar, l'ancienne Birmanie.

Nat - Esprits du sol.

Ngapi - Sauce birmane et pâte de poisson fermenté.

Paddy - Riz non blanchi.

Pahto - Temple bouddhique.

Parabaik - Livres birmans en papier plié en accordéon, racontant des légendes bouddhiques.

Paya - Pagode-stûpa. *Voir* Zedi.

Phi - Équivalent thai et lao des Nat.

Pongyi - Moine confirmé ayant plus de 21 ans.

Pwe - Nom donné aux spectacles de théâtre et de danses.

Pyatthat - Pavillon léger à toits multiples.

Saing - Orchestre traditionnel, composé de sept à dix musiciens.

Saing-waing - Sorte de gamelan birman.

Saung-gauk - Ancienne harpe birmane en forme de cygne, à treize cordes.

Sawbwa - Chef d'une fraction des Shan (*thai* : Saopha).

Sayadaw - Titre donné aux moines vénérables, aux professeurs.

Shinpyu - Cérémonie d'entrée d'un novice dans un monastère.

Tazaung - Sorte d'auberge pour les pèlerins, dans les monastères.

Thabeik - Bol à aumônes porté par les moines.

Thanaka - Poudre de bois (*Linoria acidissima*) utilisée comme cosmétique.

Thein - Salle d'ordination des moines. *Pâli* : Sima.

Thekkayit - Ère birmane luni-solaire commençant en l'an 638 de notre ère.

Theravâda - Écoles du bouddhisme du Sud.

Thilashin - Nom donné aux nonnes bouddhistes. Elles sont généralement vêtues de rose au Myanmar.

Tingyan - « Fête de l'eau » qui débute, au mois d'avril, la nouvelle année.

U - « Oncle », terme de politesse désignant un homme.

Yok-thei Pwe - Théâtre de marionnettes.

Yun - Laque polychrome.

Zedi - Autre nom pour les pagodes. *Voir* Paya.

Zei - Marché.

BIBLIOGRAPHIE SOMMAIRE

La plupart des ouvrages concernant le Myanmar ont été publiés en langue anglaise. Cependant quelques études ont été écrites en français. La liste des ouvrages que nous donnons ici est loin d'être exhaustive, mais permettra peut-être à ceux désireux de s'informer plus amplement, d'en consulter quelques-uns des titres.

Aung Thaw - *Historical Sites in Burma*, Ministry of Union Culture, Yangôn, 1972.

Bernot, Denise - « Les Nats de Birmanie, génies, anges et démons », *Sources orientales*, Seuil, Paris, 1971.

Cerre, Ph. ; Thomas, F. - *Pagan, l'univers bouddhique, chronique du palais de cristal*, Findakly, 1987.

Cummings, Joe ; Wheeler, Tony - *Myanmar (Birmanie)*, Lonely Planet, Paris, 1996.

Deniau, Jean-François - *L'empire nocturne*, O. Orban, Paris, 1990.

Donnison, F.S.V. - *Burma*, E. Benn, Londres, 1970.

Dupuis, F. ; Guillon, E. - *Images du bouddhisme vivant : la Birmanie*, Trismégiste, 1986.

Duroiselle, Chr. - *Guide to Mandalay Palace*, Rangoon, 1926.

Fistié, Pierre - *La Birmanie ou la quête de la cohésion nationale dans la Birmanie contemporaine et sa perspective historique*, E. F. E. O., Paris, 1985.

Fraser-Lu, Sylvia - *Burmese Crafts, Past and Present*, Oxford Univ. Press, Londres, 1994.

Frédéric, Louis - *Les dieux du bouddhisme*, Flammarion, Paris, 1992.
- *L'art de l'Inde et de l'Asie du Sud-Est*, Flammarion, Paris, 1994.
- *Bouddha en son temps*, Le Félin, Paris, 1995.

Harvey, G. E. - *History of Burma*, Londres, 1925.

Kessel, Joseph - *La Vallée des rubis*, Gallimard, 1973.

Khin Myo Chit - *A Wonderland of Burmese Legends*, Tamarind Press, Bangkok, 1984.

Lewis, Norman - *Terre d'or*, Olizane, Genève, 1992.

Loti, Pierre - *Les Pagodes d'or*, Kailash, Paris, 1995.

Lubeigt, Guy - *La Birmanie*, « Que sais-je ? » n° 1620, P.U.F., Paris, 1975.

Luce, G.H. - *Old Burma, Early Pagan*, Ascona, New York, 1971.

Ma Ma Lay - *La Mal-aimée*, L'Harmattan, Paris, 1994.

Mende, Tibor - *L'Asie du Sud-Est entre deux mondes*, Seuil, Paris, 1954.

Moisy, Claude - *Birmanie*, Rencontre, Lausanne, 1964.

Orwell, George - *Une Histoire birmane*, Lebovici, Paris, 1984.

Pe Maung Tin ; G.H. Luce - *Glass Palace Chronicle of the Kings of Burma*, Oxford Univ. Press, 1923.

Perrin, Jean - *L'Histoire du XXe siècle, L'Asie du Sud-Est : la Birmanie*, Sirey, Paris, 1970.

Rodrigue, Yves - *Nat-Pwe, Burma's Supernatural subculture*, Kiscadale, Gartmore, 1992.

Shway Yoe (Scott, J.G.) - *The Burman, his Life and Notions*, Londres, 1927, New York, 1967, Kiscadale, 1989.

Sola, Richard - *Birmanie : les annales de politique étrangère* (1949-1995), Institut d'études des relations internationales, Paris, 1995.

Stevenson, H.N.C. - *The Hill Peoples in Burma*, Princeton Univ. Press, 1965.

Stewart, A.T.Q. - *The Pagoda Wars*, Faber, New York, 1972.

Tinker, Hugh - *The Union of Burma*, Oxford Univ. Press, Londres, 1961.

Victoria & Albert Museum - *Burmese Art*, Londres, 1974.

Win Pe - *Shwedagon*, Yangôn, 1972.

Woodman, Dorothy - *The Making of Burma*, Cresset, Londres, 1962.

QUELQUES INFORMATIONS

La valse des noms

Depuis le XIIIe siècle au moins, la Birmanie était appelée Myanmar (prononcé Myanmâ), et l'ethnie birmane portait le nom de Bama. Depuis 1989, le gouvernement renomma de nombreuses villes et régions, d'une part afin de ne pas froisser les ethnies non birmanes et, d'autre part, pour se débarrasser des vestiges du colonialisme. C'est ainsi que « Birmanie » est devenue Myanmar et que Rangoon est maintenant appelée Yangôn. Cependant, Mandalay a gardé son nom traditionnel. Quant aux autres appellations, en voici une liste de correspondances (non exhaustive !), mais qu'il est indispensable de connaître.

Akyâb = *Sittwe*	Pegû = *Bago*
Arâkan = *Rakhine*	Prome = *Pyay*
Bassein = *Pathein*	Sandoway = *Thandwe*
Martaban = *Mottama*	Syriam = *Thalyin*
Maymyo = *Pyin U Lwin*	Tavoy = *Dawei*
Mergui = *Myeik*	Irawady = *Ayeyarwady*
Moulmein = *Mawlamyine*	Salwîn = *Thanlwin*
Pagan = *Bagan*	Sittang = *Sittaung*

Dans les villes, les rues ont également changé de nom et portent maintenant des désignations plus birmanes qu'anglaises.
Dans cet ouvrage, cependant, nous avons le plus souvent utilisé les noms européens les plus communément admis, afin de ne pas dérouter le lecteur.

Divisions administratives

Le Myanmar est actuellement divisé en sept États ou *Pyi* (à dominance non-birmane) et en sept « divisions » ou *Tain* (à dominance birmane). Les États sont ceux de Kachin (*capitale* : Myitkyina), de Shan (*cap.* : Taungyi), de Kayah (*cap.* : Loikaw), de Karen (*cap.* : Pa-an), de Môn (Tenasserim, *cap.* : Mawlamyine), de Chin (*cap.* : Hakha) et de Rakhine (Arâkan, *cap.* : Sittwe). Les « divisions » ou provinces sont celles de Yangôn (Rangoon), Taninthayi (sud du Tenasserim, *cap.* : Dawei), de Bago (Pegû), d'Ayeyarwady (delta de l'Irawady, *cap.* : Pathein), de Magwe, de Mandalay et de Sagaing. Chacune de ces unités administratives se divise à son tour en districts (*khayain*) et en villages (*kyay*).

Poids et mesures

Chaque pays possédant ses propres unités de mesure en dehors de celles du système métrique, le Myanmar ne fait pas exception. Les mesures les plus courantes suivent encore le système anglais. C'est ainsi que le viss (ou *peiktha*) équivaut à 3,6 livres (*paun*), c'est-à-dire environ 1,6 kilogramme, et à 100 ticals (*kyattha*). Le *tin*, qui est l'unité de mesure pour les grains, varie en fonction de la nature de ceux-ci, allant de 34 kilogrammes environ pour le riz à environ 11 kilogrammes pour les arachides. Le pyi équivaut à environ 2,13 kilogrammes. Les liquides se mesurent en gallons britanniques (4,55 litres).
Les longueurs suivent également le système anglais : yards (ou *gaik*, 0,91 mètre), miles (1 610 mètres) et furlongs (201 mètres).
Mais les unités du système métrique tendent, de plus en plus à remplacer les anciennes.
L'heure légale est en avance de 5 heures 30 sur l'heure française d'hiver, et de 4 heures 30 en été.
Le calendrier s'accorde soit à l'ère birmane, appelée *thekkayit*, débutant en 638 (l'année 1996 correspond donc à l'année birmane 1358), soit à l'ère bouddhique (celle utilisée en Thailande) commençant en 543 avant notre ère (l'année 1996 correspond à l'année bouddhique 2539). L'année commence vers le milieu du mois d'avril. On utilise également le calendrier occidental.
La monnaie officielle est le *kyat* (prononcé « tchyat »), mais il existe une monnaie réservée aux étrangers (et compensable en dollars U. S.), appelé F. E. C. (Foreign Exchange Certificate) : un FEC est généralement égal à un dollar U. S.

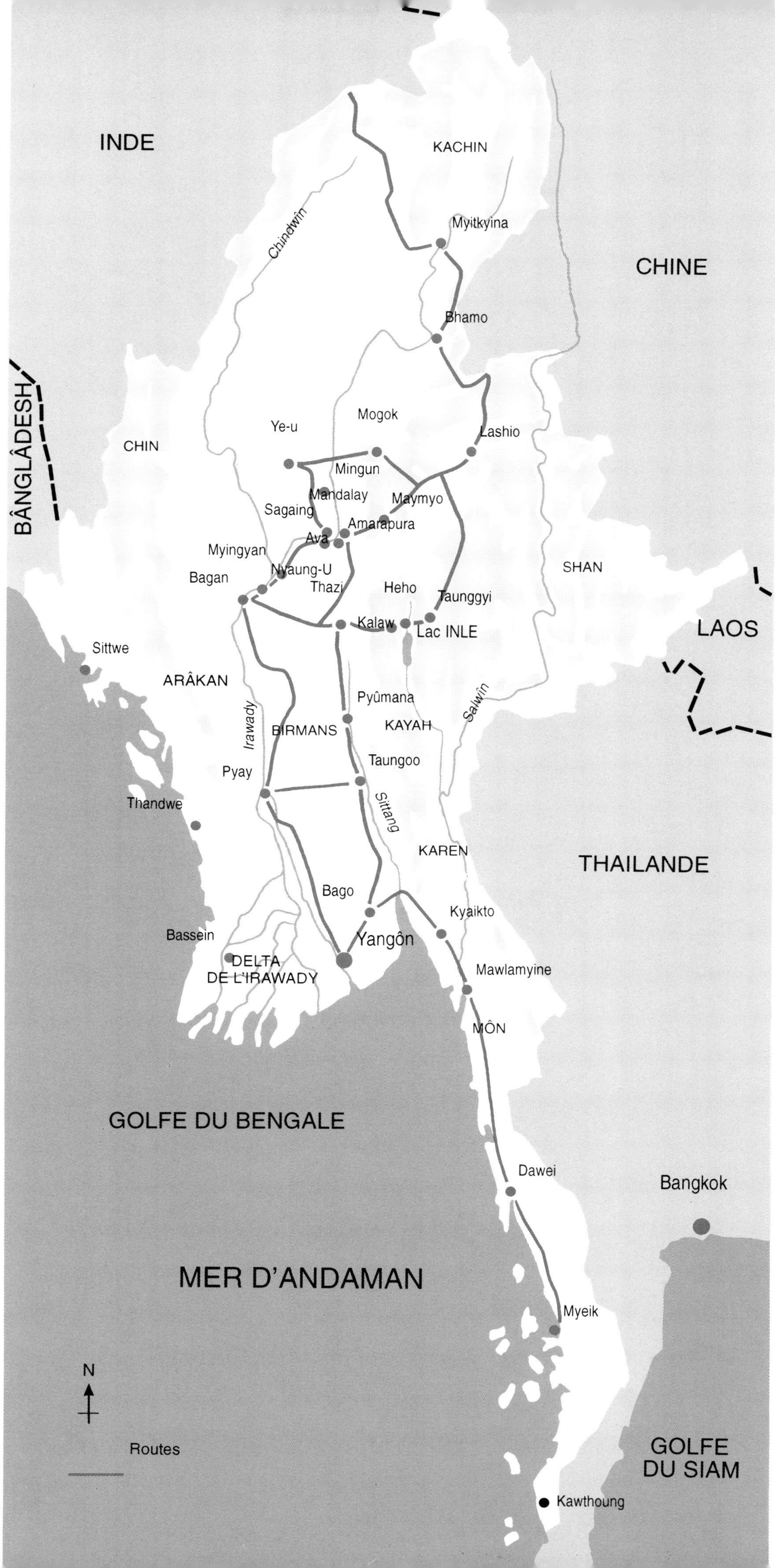
INDE
KACHIN
Myitkyina
Chindwin
CHINE
Bhamo
BÂNGLÂDESH
Mogok
Ye-u
Lashio
CHIN
Mingun
Mandalay
Maymyo
Sagaing
Amarapura
Ava
Myingyan
Nyaung-U
Bagan
Thazi
Heho
SHAN
Taunggyi
Kalaw
Lac INLE
LAOS
Sittwe
ARÂKAN
Pyûmana
Salwin
Irawady
BIRMANS
KAYAH
Taungoo
Pyay
Thandwe
Sittang
KAREN
THAILANDE
Bago
Kyaikto
Yangôn
Bassein
DELTA
DE L'IRAWADY
Mawlamyine
MÔN
GOLFE DU BENGALE
Dawei
Bangkok
MER D'ANDAMAN
Myeik
N
Routes
GOLFE
DU SIAM
Kawthoung

BIRMANIE a été réalisé par les Éditions Hermé à Paris
Collection dirigée par Michel Laugel
Photographies Suzanne Held
Textes et légendes Louis Frédéric
Édition Bénédicte Baussan
Maquette et réalisation Michel Labarthe
Suivi technique CPE Conseil
Papier couché brillant 170 g des papeteries Garda
Photogravure SNO
Impression CPE Conseil
Reliure SIRC
Diffusion Hermé

Achevé d'imprimer le 30 septembre 1996
pour le compte des Éditions Hermé, Paris

Imprimé en France
ISBN 2-86665-215-0